云南史话

地方系列

云南省社会科学界联合会 组编

《云南史话》编委会

《保山史话》编委会

保山史话

保山市社会科学界联合会　编著

云南出版集团
云南人民出版社

图书在版编目（CIP）数据

保山史话 / 云南省社会科学界联合会组编；保山市社会科学界联合会编著 . -- 昆明：云南人民出版社，2017.11（2018.12 重印）

（云南史话 . 地方系列）

ISBN 978-7-222-16673-8

Ⅰ . ①保… Ⅱ . ①云… ②保… Ⅲ . ①保山 - 地方史 Ⅳ . ① K297.43

中国版本图书馆 CIP 数据核字（2017）第 286782 号

出 版 人：赵石定
统筹编辑：马维聪
责任编辑：李东华　段金华
责任校对：余丽红　陈　亚
责任印制：洪中丽
装帧设计：赵　丹

保山史话
baoshan shihua
云南省社会科学界联合会　组编
保山市社会科学界联合会　编著

出　版　云南出版集团　云南人民出版社
发　行　云南人民出版社
社　址　昆明市环城西路 609 号
邮　编　650034
网　址　http：//ynpress.yunshow.com
E-mail　ynrms@sina.com
开　本　787mm × 1092mm　1/32
印　张　8.125
字　数　110 千
版　次　2017 年 11 月第 1 版　2018 年 12 月 2 次印刷
印　刷　云南商奥印务有限公司
书　号　ISBN 978-7-222-16673-8
定　价　25.00 元

如需购买图书、反馈意见，请与我社联系
总编室：0871-64109126　发行部：0871-64108507
审校部：0871-64164626　印制部：0871-64191534

云南人民出版社公众微信号

总　序

七彩云南，气象万千。

这里东连黔桂，西邻缅甸，北靠川渝，南望越南、老挝，是祖国大陆通往南亚东南亚、前出印度洋的枢纽和大通道。特殊的地理，悠久的历史，孕育了深厚的底蕴，创造了丰富多彩的灿烂文化，成为中华文化同南亚次大陆文化、东南亚文化交汇区域，是文化交汇、融合、多样性的现代范本。

这里山川纵横。横断山、哀牢山、无量山、云岭、乌蒙山等山系支撑起祖国西南辽阔的天空。这里碧水荡漾。滇池、洱海、抚仙湖、程海、泸沽湖、杞麓湖、异龙湖、星云湖、阳宗海等湖泊，像一颗颗璀璨的明珠，镶嵌在云南高原上。这里江河澎湃。金沙江、澜沧江、怒江、红河、南盘江、伊洛瓦底江等六大水流联通各民族共同的家园。这里是植物王国、动物王国、有色金属王国。这里气候温和、四季犹春，在中国是绝无仅有的宜居宝地。

这里历史悠久。元谋人从170万年前的远古走来。战国中晚期庄蹻入滇，第一次把楚文化与滇文化连接起来。秦开五尺道、汉习楼船，云南正式纳入祖国版图。唐宋时期，南诏、大理国文化唱响西南。元初正式建立行省。明清时期，云南经济社会得到长足发展。20世纪初，云南各族人民打响了护国战争第一枪，开始埋葬封建帝制。在抗日战争中，几十万云南各族儿女征战沙场，扬我国威！西南联合大学谱写了世界教育史上的奇迹。

在这片红土地上，传承着红色文化基因。走出了王复生、王德三等早期马克思主义播火者，走出了无产阶级军事家罗炳辉，《中华人民共和国国歌》的作曲者聂耳，马克思主义大众化的中国第一人、我们党思想理论战线忠诚的战士和学者艾思奇。20世纪30年代，毛泽东率领中国工农红军长征过云南，播下了革命火种。40年代后期，中国共产党领导下的滇桂黔边纵队与中国人民解放军，在极端艰难困苦的条件下英勇作战，迎来了新中国的诞生！

这一切，催生了一系列独具特色的历史文化：有史前文化、古滇文化、哀牢文化、爨文化、南诏文化、移民文化、护国文化、抗战文化、西南联大文化、红色文化。

这里是民族文化的富聚区，民族文化多样性的活态博物馆。26个民族中16个独有民族，15个民族跨境而居。民族文化丰富多彩、博大精深、底蕴深厚、特色鲜明。如彝族的毕摩文化、藏传南传佛教文化、傣族的贝叶文化、纳西族的东巴文化、哈尼族的梯田文化，等等，还有各种各具特色的丧葬、婚姻、服饰、建筑、节日、歌舞、生态等文化形态。此外还有各民族长期以来相互交融、相互学习、共同发展而产生的综合性文化，如茶文化、医药文化、烟草文化、驿道文化、青铜文化、石刻文化等，异彩纷呈，不胜枚举。

云南各民族优秀文化是中华文化的重要组成部分，是中华文化的瑰宝，是中华民族文化大花园中的奇葩！在长期的历史发展中，在红土高原上，形成独具特色的历史文化、地域文化、民族文化，其突出特点是多样形态、多元一体、和谐共生。各种文化，相互交融。佛教文化、基督教文化和伊斯兰文化并存（即使在同一宗教内，不同派别也和睦相处，如同为佛教，藏传佛教、南传上座部佛教和汉传佛教，亲密无间）、儒释道文化并存、原生态文化与现代文化并存、多民族文化并存。

在经济全球化、文化经济化、经济文化一体化的今天，文化既是社会生活方式，更是一种社会生产力，是各民族共同的精神家园。

“观乎天文，以察时变；观乎人文，以化成天下”（《易经－贲卦》）。习近平总书记指出：“要始终坚持道路自信、理论自信、制度自信，最根本的还有一个文化自信。”党的十九大报告提出：“要坚定文化自信，推动社会主义文化繁荣兴盛。”“没有高度的文化自信，没有文化的繁荣兴盛，就没有中华民族伟大复兴。要坚持中国特色社会主义文化发展道路，激发全民族文化创新创造能力，建设社会主义文化强国。”这是党中央赋予我们这一代哲学社会科学工作者的历史使命！承担起新时代这一历史使命，必须在新的实践基础上，用中国特色社会主义文化引领，推动文化的创新发展。必须深入挖掘传统文化资源，从中吸取历史智慧，引导云南各族人民树立正确的历史观、民族观、国家观、文化观，推动文化创造性转化。还必须为各族人民提供丰富的精神食粮，不断满足人民过上美好文化生活的新期待。

古人云：“虑不远不足以图大功，功不大不足以传永世”。云南省社科联为贯彻落实党的十九大精神，为传承、弘扬云南优秀传统文化，坚定各族干部群众文化自信，决定组织全省有关专家学者编辑出版“云南史话”系列丛书，分别为地方系列、民族系列、特色县市系列、民族文化艺术系列、重大历史事件系列五部分，每套丛书出版20种，共计100种。这是一项规模宏大的系统工程，计划用五年时间完成。通过本套丛书，我们将深入挖掘云南文化宝贵资源，认真梳理云南文化发展脉络，总结云南文化发展的特点及其规律，以期为增强文化自觉，坚定文化自信，牢记习近平总书记对云南人民的嘱托，闯出一条跨越式发展的路子，为努力成为民族团结示范区、生态文明建设排头兵、面向南亚东南亚辐射中心，谱写好中国梦的云南新篇章而奋斗！

是为序。

云南省社科联党组书记、主席　张瑞才

2017年10月

序

保山古称永昌，因公元69年哀牢国归附汉朝，设永昌郡而得名，时为仅次于东汉首都长安的第二大郡，两个大郡，一个镇守西北，一个拱卫西南，战略位置十分重要。明代以前的封建王朝大量从中原“移民实边”，因此保山周边都是民族自治州，被称为汉文化在滇西地区的一块“飞地”。

保山地处横断山脉滇西纵谷南端、地形复杂多样，踞“八关九隘”之威势，扼“三宣六慰”之咽喉，是中国版图上开发极早的边疆要地。大旅行家徐霞客曾云游保山，并为腾冲题名为“极边之城”。2000多年前，连接中国、印度、波斯、巴比伦、埃及、罗马、希腊等文明古国的"蜀身毒道"就从这片土地上经过，是南方丝绸之路的重要通道。据英国商务官布赛尔的统计，1826 年腾冲进出口总额达 100 万英镑，而当时通商口岸广州的进出口总额也只有 90 万英镑，且鸦片就占 50% 左右，因此保山可称为"古道边关""商旅重镇"。抗日战争期间，滇缅公路、中印公路成为中国和南亚东南亚各国的动脉要道，源源不断的援华物资经保山运往内地，保山成为抗日大后方。1942 年 5 月以后，日本侵略军占领了龙陵、腾冲，与中国军队隔怒江对峙，保山又成为抗日的前沿阵地、滇西抗战的主战场。龙陵的松山、施甸的惠通桥、腾冲的国殇墓园，都记载着爱国将士的丰功伟绩和保山人民在第二次世界大战中的巨大贡献。

保山物产丰饶。高黎贡山大脑子峰和万马河口 3000 多米的海拔高差，造就了保山"一山分四季，十里不同天"的立体气候，在澜沧江、怒江、龙川江形成的群山水系之间，镶嵌着大小不一的78个山间盆地，勤劳善良的保山人民，在这山坝之间生息繁衍，精耕细作，使这块土地一年四季瓜果飘香，成就了“滇西粮仓”“美丽富饶的潞江坝”的美名；保山是中国三大地热温泉区之一，遍布全市240多处自然流淌的神汤奇水，日夜不停，喷珠溅玉，得天独厚，疗效神奇，润泽苍生；保山是南红玛瑙、黄龙玉最早的出产地，不仅塑造着“君子比德于玉”的玉文化，而且留下了“玉出云南”“玉出永昌”“玉出腾越”的美谈，以南红玛瑙为主要原料，秘方配制、质地温润、冬暖夏凉的围棋永子被誉为国宝。

保山人杰地灵。重要的战略区位和特殊的开发历史，使哀牢文化、中原文化、抗战文化、边地文化、侨乡文化、青铜文化、西洋文化等多元文化在这里融合发展异彩纷呈，养育了“九隆传人”柳貌、蜀汉名将吕凯、“永半朝”王宏祚、回族领袖杜文秀、民国元老李根源、爱国侨领梁金山、抗日县长张问德、一代英哲艾思奇、共产党员的楷模杨善洲等著名人物；保山有汉、彝、白、苗、德昂、阿昌、布朗等13个世居民族，各民族在这里互帮互助，团结友爱，和谐共处，也正因此，各种民族文化既特色鲜明又相互交融，千百年来，傈僳族的“刀杆节”、彝族的“火把节”、傣族的“泼水节”、阿昌族的“窝罗节”、苗族的“花山节”，展示着不同的民族风情和传统习俗，农耕文化、节庆文化、服饰文化、饮食文化，历久弥新，正在吸引着越来越多的游客前来体验。

保山充满生机。保山辖一区一市三县，国土面积19637平方公里，与缅甸有167.78公里的国境线，全市人口259.06万人。当前，保山正在市委、市政府领导下，按照中央和省委要求，认真学习贯彻党的十九大精神以及习近平总书记系列重要讲话和考察云南重要讲话精神，准确把握“四个全面”战略布局，牢固树立“五大发展理念”，全面落实省委、省政府对保山的工作要求，发挥“五大优势”，补齐“五大短板”，全力实施“六大工程”，做大做强“六大产业”，同步推进农业规模化、工业聚集化、城市生态化、旅游品牌化，在面向南亚东南亚辐射中心建设中干在实处、走在前列，打造全省经济发展新的增长极，争当全省产业转型升级和生态文明建设排头兵，开创边疆地区跨越发展的新局面，努力建设实力保山、幸福保山、开放保山、创新保山、法治保山、美丽保山。

保山虽然地处祖国西南边陲，但开发时间较早，文化底蕴深厚，保山市委、市政府历来重视历史文化的保护、传承、宣传、研究，丰厚的文化资源正在成为保山跨越发展的强大后劲。《云南史话·地方系列》作为一套高规格的大型历史文化系列丛书，编委会给保山市安排了《保山史话》和《腾冲史话》两个单行本，这本身就是对保山历史文化的重视支持和鼓励，保山市委、市政府将加强领导，支持并严格要求编撰人员实事求是、精益求精、尊重历史、秉笔直书，希望《云南史话·地方系列》编委会给予更多的指导，使《保山史话》《腾冲史话》以更高的质量推向社会，为推动保山走向全国发挥更大的作用。

《保山史话》编委会

2017年10月

目　录

一、市情概览

保山古称永昌，历史悠久，文化厚重。西汉置不韦县，东汉永平十二年（公元69年）设永昌郡，具有毗邻两亚（南亚、东南亚）、连接两洋（太平洋、印度洋）的区位优势，地理位置十分重要。全市国土面积19637平方千米，总人口259.06万人，国境线长167.78公里（其中龙陵县19.71公里，腾冲市148.07公里），拥有国家一类口岸1个（腾冲市猴桥口岸），云南省人民政府批准指定边境

保山中心城区

通道4条（龙陵老厂，腾冲自治、滇滩、胆扎），边民互市便道13条。早在2000多年前的先秦时期，闻名于世的我国历史上第一条国际商道“蜀身毒道”——西南丝绸之路即经保山通往南亚、东南亚，抗战时期相继开通的滇缅公路和中印公路（又称史迪威公路）穿境而过，是当时抗战大后方唯一的国际大通道。保山历来是中缅贸易的物资集散地，如今仍是中国通往南亚的陆上最便捷的交通枢纽，处于昆明至瑞丽辐射缅甸皎漂、昆明至腾冲辐射缅甸密支那，连接南亚这两大通道、两大经济走廊的关键节点和重要枢纽，具备独特的发展优势。

1. 行政区划

保山市于2000年12月经国务院批准建立，其前身保山地区则建于1949年12月28日，包括今保山、德宏全境及临沧、怒江一部分，后几经调整，形成现在的格局。保山市辖一区一市三县：隆阳区、施甸县、腾冲市、龙陵县、昌宁县，全市共74个乡镇及街道办事处（4个街道、36个镇、34个乡），市政府驻隆阳区，距省会昆明约500千米。

2. 人口分布

2015年年末全市户籍总人口259.06万人，其中隆阳区92.38万人、施甸县34.44万人、腾冲市67.40万人、龙陵县29.75万人、昌宁县35.09万人；其中农业人口175.49万人，占总人口的67.74%，城镇人口为83.57万人，占总人口的32.26%；男性人口为132.87万人，占总人口的51.29%，女性人口为126.19万人，占总人口的48.71%；汉族人口为230.62万人，占总人口的89.02%，少数民族人口28.44万人，占总人口的10.98%。人口自然增长率为4.73‰。

3. 民族构成

保山市是一个以汉族为主体，多民族散杂居地级市，除汉族外，有少数民族36个，其中世居少数民族12个，2015年少数民族人口28.44万人，占总人口的10.98%，按人口数量多少依次为彝族、白族、傣族、傈僳族、回族、苗族、布朗族、佤族、阿昌族、满族、景颇族、德昂族。全市五县（市、区）74个乡镇及街道办事处中的绝大多数均有少数民族分布，有民族乡（镇）14个，分别是隆阳区杨柳白族彝族乡、瓦房彝族苗族乡、瓦马彝族苗族乡、芒宽彝族傣族乡、潞江镇、瓦窑镇、施甸县摆榔彝族布朗族乡、木老元布朗族彝族乡、腾冲市荷花傣族佤族乡、猴桥镇、龙陵县木城彝族傈僳族乡、昌宁县珠街彝族乡、耈街彝族苗族乡、湾甸傣族乡。2006 年前有 15 个民族乡（镇），2005 年撤销汶上彝族苗族乡和瓦房彝族乡，合并设立瓦房彝族苗族乡，民族村 118 个。民族乡（镇）面积占全市总面积的 25.4%，75% 以上的少数民族人口居住在山区。有 4 个边境乡（镇）（猴桥镇、滇滩镇、明光镇、木城乡）与缅甸毗邻。

保山是全国著名的侨乡之一，是云南省在海外华侨华人最多的地区，侨情历来是保山的重要市情之一。保山籍的海外华侨华人有 50.41 万人，分布在世界 30 多个国家和地区，其中 90% 居住在缅甸和泰国；市内有归侨、侨眷 10.62 万人。据不完全统计，目前保山市华侨华人、港澳台同胞重点人士有 200 多人。

（一）地理环境

保山市地处云南西部，地理坐标为东经 98° 25′ ~ 100° 02′，北纬 24° 08′ ~ 25° 51′。东与临沧市接壤，北与怒江傈僳族自治州为邻，东北与大理白族自治州交界，西南与德宏傣族景颇族自治州毗邻，正南、西北与缅甸接壤。

保山地形地貌复杂，处横断山脉滇西纵谷南端，高黎贡山和怒山山脉绵延全境，地势北高南低。属低纬山地亚热带季风气候，境内最高海拔 3780 米，最低 535 米，海拔 2500 米以上的高寒层占总面积的 9%，海拔 1500 ~ 2500 米的中暖层占总面积的 65.2%，海拔 1500 米以下的低热层占总面积的 25.8%，形成“一山分四季，十里不同天”的立体气候。境内大部地区属亚热带季风气候，年温差小，日温差大，年均气温 14.8 ~ 21.3℃，年均无霜期 238 ~ 336 天，降水充沛、干湿分明，年均降水量 746.6 ~ 2095.2 毫米。怒山、高黎贡山与澜沧江、怒江、龙川江由北向南平行延伸，三江夹两山，山川相间，山高谷深，山多坝少，群山之间镶嵌着大小不一的 78 个山间盆地，最大的是保山坝子，面积 149.9 平方千米。

保山城依山骑坝，日照充足，年平均气温 15.5℃，最冷月平均气温 8.5℃，最热月平均气温 21.2℃，年极端最高气温 32.4℃，年极端最低气温 -3.8℃。夏无酷暑，冬无严寒，四季如春，是当之无愧的“春城”。

（二）自然资源

保山自然条件的复杂多样，使保山自然资源具有种类数目繁多、空间分布变化大、自然优化组合好等显著特性。

1. 水利资源

保山市河流分属澜沧江、怒江和伊洛瓦底江三大水系（发源于腾冲的大盈江和瑞丽江为伊洛瓦底江的支流）均为国际河流。澜沧江出境后称为湄公河，流经缅甸、老挝、泰国、柬埔寨和越南；怒江出境后称为萨尔温江，流经缅甸。保山

保山青华海夜景

市水资源具有总量丰富、出入境水量多、年际变化稳定、年内分配不均匀、开发利用程度低等特点。全市年平均水资源总量 150.67 亿立方米，年入境水量 876.33 亿立方米，加上入境水量后全市水资源总量为 1027 亿立方米。多年平均年出境水量 1022.38 亿立方米，占水资源总量的 99.55%。全市水资源地区分布差异较大，一般为坝区少、山区多，东部少、西部多。从行政分区来看，高黎贡山以西的腾冲市、龙陵县水资源较为丰富，多年平均年产水模数腾冲市 130 万立方米 / 平方千米，龙陵县 98.7 万立方米 / 平方千米，由于高黎贡山的屏障作用，保山东部隆阳区、施甸县、昌宁县降水大为减少。

2. 地热资源

保山地热资源丰富，特别是近几年来市委、市政府极力打造“温泉之都”，更使保山的地热温泉享誉国内外。境内腾冲火山群是全国著名的新生代火山群，有各种温泉 89 处，是中国已知的第二大热气田，热能蕴藏量达 250 多万千瓦，腾冲市依托地热资源开发出了有名的热海度假区、悦椿温泉度假区、和顺柏联温泉度假区。除此之外保山开发初具规模的温泉有隆阳区的蒲缥温泉度假区、金鸡温泉度假区；施甸县的石瓢温泉；龙陵县的邦腊掌温泉群、镇安大梨树温泉和昌宁县的鸡飞温泉、小桥温泉。

3. 矿产资源

保山市已探明的矿产资源有金、铁、钛、铅、锌、锡、铜、镍、钴、钼、铀、汞、煤、铍、硅藻土、硅灰石、硅石、高岭土、大理石等27种。其中，龙陵勐糯铅锌矿储量245万吨；腾冲铁矿储量6585万吨（低硫低磷，平均品位45 ~ 50%）；腾冲硅藻土储量4.7亿多吨，硅灰石储量1.3亿吨，

龙陵铅锌矿

高岭土储量 1700 万吨；龙陵硅石储量 1385 万吨；保山坝钛铁矿储量 528 万吨；龙陵镇安煤矿储量 1.14 亿吨。

4. 生物资源

由于气候类型的多样化，造就了保山丰富多彩的生物资源。境内已知的植物有 2200 多种，其中高等植物 1400 多种。高黎贡山国家级自然保护区植物尤为丰富，达 1450 种，其中列为国家一类保护的有桫椤、秃杉、楠木、香樟，还有闻名中外的“大树杜鹃王”，高黎贡山被誉为“天然植物园”和“稀有植物避难所”。市内有动物兽类 51 种（列为国家一级保护的珍禽异兽达 21 种），有鸟类 250 多种。截至 2015 年全市森林覆盖率为 65%，林业总产值达到 80.89 亿元，其中第一产业 58.74 亿元，第二产业 16.16 亿元，第三产业 5.99 亿元。林业增加值 33.49 亿元，农民人均林业收入 2673 元。2015 年年底，保山市核桃种植面积 455 万亩，产量 8.127 万吨，产值 22.59 亿元；油茶 86.2 万亩；石斛 1050 万平方米，产量 3406 吨，产值 4.26 亿元。主要经济林木还有板栗、梅子、银杏等，年产量 10 万吨以上；芳香油资源储量约

200 万吨；野生药材、菌类资源种类多，数量大。

5. **土地资源**

全市耕地面积为 498.70 万亩，其中 25 度以上坡耕地 46.43 万亩；园地面积为 91.25 万亩；林地面积为 1798.04 万亩；草地面积为 189.24 万亩；城镇村及工矿用地面积为 70.83 万亩；交通运输用地面积为 29.10 万亩；水域及水利设施用地面积为 40.11 万亩；其他土地面积为 142.05 万亩。

保山市是国家、云南省商品粮基地、国家糖料基地、优质香料烟基地、咖啡基地、优质茶基地。主要粮食作物有稻谷、小麦、玉米、蚕豆；主要经济作物有甘蔗、茶叶、香料烟、蚕桑、胡椒、蔬菜、水果；主要出口商品有咖啡、香料烟、茶叶、玉石、核桃、畜产品、粮食制品等多个品种。

6. **能源资源**

保山的能源资源极为丰富，主要有水能、煤炭、地热能、天然气、太阳能五大资源，开发前景极为广阔。（1）水能资源：全市跨三大水系，境内段的支流水能资源理论蕴藏量为489万千瓦，开发潜力较大。（2）煤炭资源：主要是低质褐煤，储量超过 1 亿吨的有龙陵镇安煤矿，超过 54 万吨的有昌宁红星煤矿和保山羊邑煤矿。(3)地热资源：全市有各种热泉170余处，圈定热田10处，年流出热水约1.6亿立方米，热水、热气年携出热量约23019亿千卡，相当于燃烧33万吨标煤，腾冲地热受到国内外专家的极大关注，有5个较大的高温地热田。（4）天然气：保山盆地两类有效烃源岩分布面积为73平方公里，计算远景资源量为259亿立方米，已钻三口井，保1#、保2#探明储量为9.6亿立方米，已开发民用。（5）太阳能：保山空气清净、光质好、日照时间长，太阳年均辐射量为5553.7 ~ 5959.8兆焦耳/平方米，相当于每平方米189.74 ~ 203.61千克标准煤燃烧的发热量。

（三）风土人情

保山民族民间文化资源十分丰富，有13个世居民族在这里生息繁衍。各族人民在长期的生产生活中，创造了极为丰富的、具有浓郁特色的民族民间文化，为后人留下了丰厚的非物质文化遗产。

1. 永昌三宝

永子、玛瑙和料丝灯合称“永昌三宝”。“永子”，意为永昌（今保山）所产棋子，质地细糯如玉又异常坚硬，犹如天然玉石磨制而成，外形古朴，内敛凝重，入手圆润，冬暖夏凉，是古往今来举世公认的棋中圣品。“保山南红玛瑙”，品质正、色泽好，是全国南红玛瑙的代表。“保山料丝灯”是明代宫灯名，又称“永昌料丝灯”或“烟火料丝灯”，是以保山当地特有的玛瑙、紫石英、赭石等天然原料，采用绝技熔炼、抽出细丝、传统手工框合围成的灯。在明代，其因外形华贵精美，制作工艺精巧而为进贡朝廷的贡品。

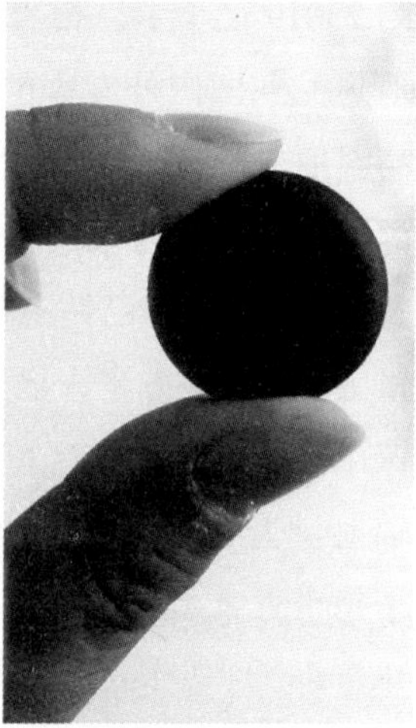

保山永子

2. 民间文学

既有《九隆传说》《独眼将军邓子龙》等一大批生动、美丽的故事和传说；也有“早烧日头晚烧雨”等成百上千条民间谚语；还有“公鸡摆头——摇冠（姚关）”等数千条民间歇后语；更有傣族的《金孔雀》、汉族的《阳温暾小引》、傈僳族的《过年调》《盖房调》等一大批叙事长诗。

3. **民间音乐**

既有汉、彝、白、阿昌、布朗等各民族高亢明亮、变幻无穷的《赶马调》；也有悠扬动听的芦笙、葫芦丝、太平箫、小三弦；还有彝族香堂人以“酒醉筒”“牛头琴”“拔地鼓”为主奏乐器的土巴垃器乐演奏；更有汉族民间悠扬动听、高雅肃穆的“洞经”音乐。

4. **民间舞蹈**

既有汉族民间的节庆习俗耍龙、舞狮、高跷、板凳龙；也有彝族民间集舞蹈、武术、杂耍于一身，曾被省内外专家誉为可与“北鼓”——威风锣鼓相媲美的“南钹”——“擦大钹”；还有傣族民间热烈欢快如诗如歌的“嘎光”鼓舞；更有傈僳人的“跳嘎”舞蹈，苗族的芦笙舞蹈、布朗族、彝族的激情“打歌”以及德昂族优美的“水鼓舞”“八步舞”和阿昌族简朴庄重的“蹬窝罗”舞蹈。

5. **戏剧和曲艺**

除了有汉族民间古老的花灯、仙灯、渔灯、茶灯、“佤族清戏”、傣戏、滇剧外，还有另类的戏剧——“香童戏”（又称端公戏），另外，还有“腾冲扬琴”“永昌花鼓”等优秀的曲艺表演。

6. 节庆习俗

农历二月初八的傈僳族“刀杆节”，农历六月二十四日的彝族“火把节”、傣族“泼水节”、阿昌族“窝罗节”、苗族“花山节”都是保山比较隆重的民族节日。

除此之外，还有隆阳的梨花坞、玉佛寺、玉皇阁、卧佛寺；腾冲的云峰寺、来凤寺、文昌宫，昌宁的龙潭寺，施甸的清平洞等一大批寺观庙宇；有双虹桥、霁虹桥、野猪箐桥、惠通桥等古老的桥梁；拥有布朗山寨的“一步楼”；拥有腾冲和顺侨乡建造精美的传统民居以及充满人文气息的“八大宗祠”和“洗衣亭”。隆阳区张元文的甲马纸版画、板桥沙登的甑子；龙陵象达的油纸伞和面塑工艺；施甸布朗族的花草鞋；腾冲固东镇的皮影靠子制作，荷花等地傣族、傈僳族鲜活的农民画，腾冲技艺高超的玉雕等是民间美术和民间工艺的典型代表。

二、历史沿革

（一）古人类的发祥地

保山是古人类的发祥地之一，保山人的祖先在这块土地上留下了许多古老的史前文明遗迹。自20世纪80年代以来，考古学家在保山境内的系列考古发现为我们揭开了保山人类起源的层层面纱。

1. 羊邑古猿

1992年1月，中国科学院古人类研究所副研究员徐庆华先生在对保山进行的第三次考察调研中，在位于保山城南30千米处的羊邑煤矿清水沟煤窑中发现了早期古猿化石。有古猿左下颌骨1件（附犬齿、前臼齿、臼齿共6枚），单颗前臼齿1件，同时还发现了一些食草类、灵长类动物化石。这一发现顿时引起学者们的极大关注，学者们研究认为：羊邑古猿左下颌骨化石上的牙齿形态既保持了猿类的原始特征，又表现出人类的特征，根据考古学对人类进化史的划分可以分为古猿—南方古猿—能人—直立人—早期智人—晚期智人几个阶段及其各阶段的表征，综合羊邑古猿的特征，考古学家认为羊邑古猿处于古猿到直立人中间的过渡阶段，其存在的时间大约是800万～400万年前，这说明了保山也是人类已知的重要的起源地之一。

2. 最早的“蒲缥人”

关于人类的起源，目前比较主流的观点认为人类由猿类进化而来，而人类与猿类最为重要的区别在于人类能够制造并使用劳动工具，早期智人阶段的人才具有人类的基本特征，能够使用简单的打制石器，相当于考古学上的旧石器时代中期，羊邑古猿尚无这些特征，从根本上说还不能称其为完全意义上的“人类”，所以，我们仍然要追问，完全意义上的保山先民从何而来？

1986年底至1987年，考古学家在对保山市蒲缥坝北端的塘子沟旧石器遗址进行大规模的考古发掘后，出土了实物标本2300多件，其中有老、中、青不同阶段的头骨化石4件以及身体不同部位的化石多件，以其出土地命名为“蒲缥人”。在此次考古发掘中，还发现了大量的石器、骨器及动物化石、植物果核化石，最为重要的是发现了用火遗迹及我国迄今发现的时代最早的房屋遗迹。根据碳14测定及学者们的推断，这些化石距今8000～7000年，并认为这是我国迄今发现的旧石器时代最晚的遗址，也是云南发现的旧石器时代的第一个洞外居住遗址，并以充分的物证填补了我国旧石器时代晚期人类研究历史的薄弱环节。[①] 考古发现证明，在七八千年前，保山已经成为人类生息繁衍的一方乐土，“蒲缥人”已是走出洞穴、会使用工具、火的人类发展的晚期智人了。

养育了“蒲缥人”的塘子沟位于蒲缥坝北山南麓，面向南面广阔的平原，背靠东北西三面的群山。在远古时代，这里气候暖热、丛林茂密、资源富集、动植物繁多，依山傍湖，环水而居，生存环境得天独厚。保山的先民“蒲缥人”，就在这片充满生机的乐土之上生息繁衍。这个时期

① 耿德铭：《保山文史纵横》，云南人民出版社，2013年，第82页、116页。

的“蒲缥人”正处于母系氏族阶段，生产力水平有明显进步，其经济生活来源主要是采集和狩猎，更加善于使用骨制、石制工具。同时，“蒲缥人”已学会用吃完的动物皮具制作衣物，并有了初步的审美观念，在出土的骨器中有骨锥、骨针、骨饰品，证明了这一点。

在塘子沟遗址东坡灰岩石芽间发现灰坑一个，内有为数不少的灰烬、烧骨和红烧土，这说明“蒲缥人”已经学会了使用火，用于取暖及烹制熟食，这是“蒲缥人”发展史上的一大飞跃。火的使用给“蒲缥人”带来了温暖及光明，告别了茹毛饮血的时代，熟食的食用加强了“蒲缥人”的体质，让他们更加健康地在蒲缥坝这块土地上生息繁衍。

遗址的西北坡发现了居住面（夯土痕迹）和5个柱洞，石芽内还发现了不少可以用做柱洞的天然竖溶洞，说明“蒲缥人”已学会了利用住地的天然材料建造简易的房屋，这是我国迄今发现的最早的房屋建筑遗迹。从洞穴及崖厦之中走出，栖居于台地之上，这是“蒲缥人”的又一大进步，或许因为有了房屋，“蒲缥人”的生命及健康有了更大的保障，出土的4个“蒲缥人”中，“年龄”

最大的达56岁以上，这在远古时代，已经算是“寿星”了。“蒲缥人”所代表的旧石器文化以其发现地为名，被命名为“塘子沟文化”。

3. 新石器时代的保山先民

旧石器时代之后，经过数千年的发展，保山的先民们在距今6000～3000年左右，进入新石器时代。这一时期，保山的先民们在如今的保山各县市区内均有分布，主要是如今的保山坝、施甸坝、右甸坝、腾冲响水湾、龙陵木城马鞍山、施甸太平、姚关等地和少数山丘地带。使用的工具更加先进，石器有单平面砾石手锤、双肩石斧、石纺轮、石环、打制双肩石铲、石矛、梯形石斧、石刀等。同时，新石器时期的保山先民学会了制陶工艺，出土的陶器有夹沙陶和泥质陶，纹饰繁多，手制为主，火候一般较低，器物有鼎、豆、罐、盆、缸、钵、瓮、碗、釜等。经济生活已由旧石器时代的采集及狩猎发展成为了圈养家畜等原始农牧业，社会形态已转变为男性为主的父系氏族阶段，人们已经在小聚居的原始村落里生活。经过漫长的岁月积淀，保山的先民们正在一步步走向文明。

（二）从哀牢国到永昌郡

经过漫长的旧石器、新石器时代之后，在我国西南边陲，产生了一个“其地东西三千里，南北四千六百里”（《华阳国志·南中志》）的国度——哀牢国。据专家考证，哀牢国所处的地区大约东起大理洱海以南，西至缅甸东北部，南到泰国北部，北至西藏东南部。有些边远地带虽不是直接统治的势力范围，但也是联络范围。在哀牢地区生息繁衍的多个土著民族被中原地区统称为“哀牢夷”。“哀牢夷”创造了辉煌的以青铜器为代表的“哀牢文化”，并伴随着历史的发展、各民族的迁徙融合以及汉代设置郡县后汉文化的不断渗透，形成了内涵丰富多元的“永昌文化”，两种文化的载体正是历史上著名的滇西文明古国——哀牢国与汉代第二大郡——永昌郡，两个政权历经兴衰，成为中国历史的重要组成部分，对后代产生了深远影响。

1. 九隆传说

产生于哀牢山地区的民族起源神话——九隆传说，是我国著名的民族起源神话之一。其大致内容如下：

相传很久很久以前，哀牢山上住着一位名叫沙壹的美丽女子，她勤劳聪慧。有一天，她到山下的湖中捕鱼，偶然间碰到了一根水中的沉木，一种从未有过的异样感觉立刻传遍了全身，随后，她怀孕了。10个月后，她生下了10个男孩。有一天，她带着10个男孩到曾经“触木有感”的地方，却见那沉木转眼间化作了一条巨龙，从水面上腾空而出，并问沙壹说：“你为我生了孩子，现在他们都在哪？”这一突如其来的情形，把其中的9个孩子吓得魂飞魄散，四散逃开。唯有最小的儿子留了下来，他背对着龙坐在湖岸上。龙便舐犊情深地舔了舔他的背。沙壹说的是“鸟语”，称“背”为“九”，称“坐”为“隆”，所以就把她的小儿子叫做“九隆”。

九隆兄弟10人长大以后，兄长们都认为骨肉同胞之中，只有九隆得到过父亲的恩宠，而且极为聪明能干，于是便一致推选他当国王。又过了些时候，哀牢山下有对夫妻，也生了10个美丽的姑娘，九隆10兄弟便将她们分别迎娶为自己的妻子。此后，九隆家族便日渐兴盛，发展为大部族，因为他们是龙的子孙，所以都喜欢用龙的形象纹身，衣服上还要缝上一条龙的尾巴。

九隆王族代代相传，不过前一段时间究竟传了几代以及他们都叫些什么名字却说不清楚了，直到禁高继承王位后，才有了确切的世谱："禁高死，子吸代；吸死，子建非代；建非死，子哀牢代；哀牢死，子桑藕代；桑藕死，子柳貌代；柳貌死，子扈栗代。"

这一神话最早见于东汉杨终所著的《哀牢传》，其后《华阳国志·南中志》《后汉书·西南夷列传》等也有记载。从神话记载中可以看出，哀牢国经历了母系氏族的最后阶段，告别了群婚制，向父系氏族逐步过渡，创立了王权，并实行"对偶婚"，确定了相对稳定的家庭关系。哀牢国的后代崇拜"龙"，以"龙"为图腾，龙和水是农耕文化的象征，表明了农耕文化在哀牢国处于极其重要的地位，龙主雨水，也表现出了哀牢国人民对风调雨顺、五谷丰登的强烈企盼。

2. 哀牢崛起

大约在公元前 4 世纪的战国中期[①]，保山的先民"哀牢夷"就在保山坝子周边的山上生息繁衍。

① 保山学者耿德铭等认为比这一时间更早。

在对哀牢遗址进行的考古发掘中，发现了大量的青铜器物，包括礼乐器、兵器、生产工具、生活用品等。从这些考古发现中可以推断，当时哀牢地区的农业及手工业已经得到了显著发展，青铜器的冶铸达到了相当高的水平，有了剩余产品，进而产生了贫富分化。在我国历史上春秋、战国至西汉初期贵族奴隶主方能拥有的礼、乐器在哀牢考古中得以发现，再加上剑、矛、戈、镞等青铜兵器的出土，表明当时的哀牢地区已经产生了特权阶层——贵族，有了阶级、军队，生产力的发展再加上部族之间战争的直接催化，哀牢地区至迟在战国中期已建立了奴隶制国家，到西汉初年国家已发展壮大。①

西汉元狩元年（前122年），汉武帝派张骞出使大夏（今阿富汗），张骞在大夏看到了四川出产的蜀布及邛竹杖，听说是商人通过身毒（今印度）贩运过来的，张骞认为，在四川到印度之间肯定存在一条民间通商贸易之道。回国后便建议开通经“西南夷”地区转南亚身毒（今印度）通西亚大夏（今阿富汗）的通道，汉武帝派遣张骞开凿此条通道。关于这一事件，《史记·西南

① 参考耿德铭：《哀牢文化研究》，云南人民出版社，1995年，第5页。

夷列传》中有记载“及元狩元年（前122年），博望侯张赛使大夏来……于是,天子乃令王然于、柏始昌、吕越人等，使间出西夷西，指求身毒国。至滇，滇王尝羌乃留，为求道西十余辈。岁余，皆闭昆明，莫能通身毒国。“然闻其西可千余里有乘象国，名曰滇越，而蜀贾奸出物者或至焉”《史记·大宛列传》。这个“乘象国”在“昆明”——今云南大理以西千余里，正是当时急欲求通的“蜀身毒道”上的重要口岸，有可能是哀牢国的前身或者是所属的部落或者是联络较多的部落、国家。从以上可以看出，处于洱海以西的哀牢国在这个时期还是一个独立的地方王国，还没有与中原文化产生实质性的接触。但是这里并不是封闭落后的蛮荒之地，工农业的快速发展造就了灿烂的哀牢文化。青铜冶炼技术在这一时期达到了鼎盛，持续了一千多年，从出土的文物看，种类丰富、品质极高、制作精美、造型别致，比较有地域特点的是山字架足铜案、鞍顶束腰铜盒、铜鼓、人面纹大弯刀等。最有地方特色的是纺织业，哀牢人的纺织技术已达到相当高的水平，生产的布有桐华布、棉绢、采帛、文绣、兰干细布、帛叠，其中最为出名的是桐华布和兰干细布，桐华布“洁白不受污”、兰干细布“纹如绫棉”（《华阳国志·南中志·永昌郡》），这些布匹被各商贾争相购买，远销海内外。

3. 柳貌归汉

随着西汉中央王朝对“西南夷”开发的动机不断增强，并随着西南丝绸古道修筑到叶榆（今大理），对“西南夷”的开发水到渠成。西汉元封二年（前 109 年），滇王降汉，汉武帝在今云南昆明设置益州郡，下设 24 个县。在哀牢国的国土面积上有 6 个县，分别是邪龙（今巍山等地）、云南（今祥云等地）、叶榆（今大理等地）、比苏（今云龙等地）、嶲唐（今云龙县曹涧等地）、不韦（今保山坝东金鸡村）。不韦县就设在今天的保山坝，是当时哀牢国的统治中心。元封六年（前 105 年），汉军再次攻打“昆明”，追歼败军至澜沧江西部，在保山坝正式设立不韦县政权和军事机构，并从四川迁吕不韦的后裔吕嘉一族于金鸡村定居，带来了先进的汉文化，并开“文教之风”，哀牢国进入了夷汉文化大融合、大发展时期。

东汉刘秀政权建立以后，由于各级封建统治

者的横征暴敛，加上汉族民族主义与地方民族主义之间矛盾的不断激化，建武十八年（42年），益州郡夷帅栋蚕发动起义并节节胜利。建武二十年（44年），东汉朝廷派威武将军刘尚进行平息并一路进军至叶榆，栋蚕兵败逃至不韦，刘尚又追至不韦，杀死、俘虏夷军一万多人，栋蚕被杀。可以推测，哀牢国参与了此次战争，伤亡较大，再加上汉军的胜利，对哀牢政权震撼很大，从不韦县的设立开始，哀牢国开始转衰，但经过此次战争，哀牢真正转衰，将政治中心转移到约今腾冲、德宏一带。

东汉建武二十三年（47年），哀牢王柳貌之子扈栗率大军进攻已归附汉朝的鹿茤部落，惨败，更是认识到了汉朝政权的强大，开始产生归附汉朝的念头。建武二十七年（51年），扈栗率哀牢国东部首领代表2700多户、1.7万人到越巂郡（今四川西昌南部）找太守郑鸿降服，要求内属。汉光武帝刘秀得知此事，便将以哀牢内属的新区与不韦等益州郡西部六县划出，合设益州郡西部属国，封扈栗为属国国君，郑纯任属国都尉，同时管理哀牢人和汉人，为下一步哀牢国彻底归附中央王朝奠定了基础。

郑纯在西部属国任都尉期间，政治清明，勤政廉洁，深得各族人民的信任，哀牢国王柳貌及哀牢人民更加信任汉王朝的博大胸襟。东汉永平十二年（69 年），柳貌派其子扈栗率部落首领 77 王到达都城洛阳，正式归附汉朝，汉明帝以哀牢领土与澜沧江以东今永平一带以及在保山、怒江、大理一带原设的 6 县共 8 县，合设为永昌郡辖区，派原西部属国都尉郑纯任首任太守。郡治一开始设于巂唐（今云龙县曹涧一带），后由于建元初年（76 年）哀牢王类牢与守令发生争斗，进而反叛，攻巂唐，太守王寻逃往叶榆（今大理等地）。后郡治迁到不韦县（经学者考证，郡治设于今保山坝诸葛营）。据文献记载，永昌郡为当时 105 郡中的第二大郡，成为祖国西南边陲的重要门户及军事重地。

永昌郡设立以后，首任太守郑纯保持其任西部属国都慰时的清廉本色，制定符合民意的相关政策，他保持“土流并存”，在自己主政的同时让各哀牢部落首领管理各自的族群，紧密团结了各“哀牢夷”民族。在此基础上，他以身作则，创立制度，规范施政行为，范晔《后汉书·西南夷列传》中这样记载："纯与哀牢夷人约：邑豪岁输布贯头衣二领,盐一斛,以常赋,夷俗安之。"[①]也就是说，在其执政期间，每年只要求"哀牢夷"人民缴纳可做两件衣服的布料和一斛盐的赋税，而且仅限于"邑豪"，这种赋税相当轻，极大地调动了人民的生产积极性，营造了良好的社会环境，经济得以快速发展。

中国史书中最早记载的云南汉文化便是永昌文化。[②]自西汉时期吕不韦的后裔正式定居今保山金鸡村后，便在这里开"文教之风"，将中原地区的儒家文化在这里发扬光大；郑纯任永昌郡太守之后，极力提倡办学，更是"身自为教"，使永昌地区"自汉有学"，极大地促进了哀牢边地文化与汉文化的融合，加快了永昌地区的文明进程。到了东汉后期，生于不韦县的吕凯成为永昌地区出类拔萃的济世之才，并且"能文章"，创作了滇文名篇《答雍闿书》，文风高古，文采华美，

① 转引自肖正伟：《保山通史概要》，云南大学出版社，2014年，第33页。

② 肖正伟：《保山通史概要》，云南大学出版社，2014年，第43页。

义正词严，被世人所推崇，促进了永昌地区汉文化的繁荣发展。

4. 诸葛南征

东汉末年，外戚宦官专权，政治腐败，中原割据纷争，永昌郡在乱世中始终能够忠于蜀汉。章武二年（222年），刘备病逝后，益州郡渠帅雍闿帅兵叛乱，背蜀投吴。雍闿深得孙权信任，被委派为永昌郡太守，他多次投书时任永昌郡功曹（执掌人事）的吕凯、府丞（副职）王伉，逼其反叛蜀国。吕凯，字季平，永昌不韦县人，是迁至保山金鸡村的吕不韦的后裔，是蜀汉时期永昌郡地区出类拔萃的济世人才。吕凯一心忠于蜀汉，在雍闿的相逼之下，仍然率民众扼守要塞，拒雍闿于永昌之外，并写下了滇西名篇《答雍闿书》，成为历史佳话。

建兴三年（225年），诸葛亮率军南征至永昌郡，方知永昌郡功曹吕凯、府丞王伉在乱世中始终能够忠于蜀汉，保一方平安，便将两位永昌府吏的事迹上报后主，将永昌郡的叶榆、邪龙、云南3县划出，又将越嶲郡的遂久（今永胜等地）、古复（今华坪）、青蛉（今永仁等地）3县划出，将原属益州郡的弄栋（今姚安等地）1县划出，共7县，合设为新的云南郡，将吕凯擢升为新设云南郡太守，封阳迁亭侯，王伉封为永昌郡太守。吕凯出任云南郡太守后不久，就被叛乱者所迫害。由于他深受百姓爱戴，蜀汉政权封其子孙“世为永昌太守”（《蜀世谱》）。

晋时，吕凯之孙于元康末年（299年）出任永昌太守，时逢闽濮（即哀牢、九隆一族）叛乱，“以至忿争，吕氏不敌，郡治南移永寿（今耿马县境）……后来中国治理永昌，亦渐废驰。”[①]到了宋齐梁陈时期，《宋书·州郡志》中已无永昌郡的记载，《齐书·州郡志》于永昌郡注曰：“有名无民，曰空荒不立。”至此，存在于祖国西南边陲数百年的故郡永昌，淡出了历史舞台。

（三）西南丝绸之路

1. 蜀身毒道[②]

20世纪80年代以来，四川和云南一部分学

① 保山市隆阳区史志委点校：《保山县志稿》，云南人民出版社，2003年，第14页。

② 蜀身毒道：“蜀”指的是四川，“身毒”是印度的古称，蜀身毒道是指从今四川出发，经云南的大理、保山、德宏进入缅甸，再通往印度的重要交通线，被称之为西南陆地的“丝绸之路”。

者提出了“南方丝绸之路”的概念（又称为“西南丝绸之路”，中国古代典籍称之为“蜀身毒道”），这是相对于之前提出的“西北丝绸之路”而言的。

西南丝绸之路——高黎贡山古道

这条古道被世人所熟知，但是早在这条古道开辟之前，西南丝绸古道就已经得到了初步开辟。据相关专家考证，最早可以追溯至战国末期。公元前 316 年，秦国将领司马错灭蜀，在今成都设立蜀郡，郡守李冰及其儿子就开始着手修筑自成都沿岷江而下达僰（今四川宜宾）的道路，史称“僰道”。前 221 年，秦始皇统一六国以后，为了加强对西南边境的控制，在“僰道”的基础上，派常頞主持修筑从僰道（今四川宜宾）到味（今云南曲靖）的官道，此道宽约五尺，史称“五尺道”，也称“南夷道”。西汉建立以后，约于元光六年（129年），汉武帝派司马相如开凿从成都出发，经雅安、西昌，过金沙江到大姚，最后抵达大理的“西夷道”，史称“灵关道”。开辟此道的过程中遇到了重重困难，司马迁《史记·平淮书》中有记载：“唐蒙、司马相如开路西南夷，凿山通道千余里，……作者数万人，千里负担馈粮，率数十馀钟致一石，散币于邛僰以集之。数岁道不通，蛮夷因以数攻，吏发兵诛之。”虽然如此，但中央王朝开拓西南夷的决心并没有改变。

西南丝绸古道从蜀（今成都）出发，经东“五尺道”及西“灵关道”两道一路南下，汇合于叶榆（今大理），穿过永昌郡（今保山隆阳），然后西向今腾冲或南向今施甸姚关进入缅甸、印度（古称身毒）。在大理汇合以前，分东、西两道，东道从成都出发，沿岷江而下，经宜宾—昭通—曲靖—昆明到达大理；西道从成都出发，经雅安—西昌—金沙江—大姚到达大理。两道在大理汇合以后，经漾濞—太平—北斗—永平—花桥—博南山—澜沧江霁虹桥—罗岷山—水寨—官坡—金鸡（不韦县治所）—板桥—下村到达今保山城。大理至永昌段因跨越博南山，史称“博南道”，博南山以西跨越永昌郡到缅甸之间的这段称为“永昌道”，连接博南道及永昌道的是著名的澜沧江上的兰津古渡（后为霁虹桥，现已毁）。到保山城后，又从腾冲或施甸—德宏、临沧等地分成数条出境通道（其中有三条翻越高黎贡山）。

第一条为过怒江勐古渡上高黎贡山过北斋公房古道。这条称为“北道”，其路线是：今保山坝板桥—西庄—清水河——碗水梁子—二道桥—瓦房—汶上—新民—荷花树—勐古渡—西亚—高黎贡山北斋公房—黄石坎—桥头—界头—永安—曲石—酒店—打苴—腾冲城—中和—猴桥（古永）—三岔河或甘拜地—昔董—缅甸密支那—印度。这条古道无具体史籍记载，据有关史学家考证推论认为是最早的一条，约在西汉以前就通行了。

第二条为过怒江双虹桥上高黎贡山南斋公房古道。这条称为“中道”，其路线是：今保山坝板桥—保山城仁寿门—磨房沟—老鼠山—青岗坝—乌头塘—大海坝—阿东—渔塘—杨柳—河湾—联合—怒江双虹桥—烫习村—大渔塘—百花岭—

高黎贡山南斋公房—林家铺—江苴—曲石—酒店—打苴—腾冲城—中和—勐蚌—盏西—神护关—勐弄—昔马—缅甸那邦—印度。这条古道略晚于"北道"，虽无史籍确切记载，据有关专家考证其形成时期，应晚于"北道"，约在东汉设立永昌郡前后形成，为西南丝绸古道永昌境内的第二条主干道。

第三条为过怒江惠仁桥上高黎贡山过天池古道。这条称为"南道"，其路线是：今保山坝板桥—保山城南门—汉庄—辛街—蒿子铺—马街—盘蛇谷—蒲缥—道街—怒江惠仁桥—坝湾—高黎贡山蒲蛮哨或禾木树—磨盘石—天池—风口城门洞—龙江桥—甘露寺—腾冲城—镇夷关—荷花—曩宋—九保—梁河—暮福—旧城—盈江—太平—蛮允—铜壁关—石梯—缅甸八莫—印度。这条出境通道到了梁河后还有另外一条岔道：梁河—芒东—杉木龙—清平—城子—姐乌或赛号—陇把—缅甸八莫—印度。这条古道根据诸葛亮南征永昌的一些遗迹传说和唐·樊绰《云南志·卷二》（《蛮书》）及其以后史籍推论，应晚于"中道"，约在东汉末年或三国初形成的，为永昌古道的第三条主干道。[1]

第四条是从今保山城西南出发，经龙陵（或经蒲缥、潞江坝至龙陵）—芒市（或畹町、瑞丽）到达缅甸。

第五条从今保山城正南出发，经辛街—施甸—姚关—湾甸—镇康—耿马到达缅甸。

西南丝绸之路从成都蜿蜒走来，一路穿越了高山峡谷、波涛丛林，绮丽壮观，把中国的丝绸、蜀布、筇竹杖、工艺品、铁器、茶叶、瓷器等销往缅甸、印度等南亚东南亚国家，再从这些国家购入琉璃、宝石、翡翠、光珠，是一条交通要道，也是一条贸易之道，更是一条交流之道。

2. 交通要道

西南丝绸之路修筑的最初目的主要是开疆拓土，道路畅通以后，为了更有效地统治“西南夷”地区，在各古道上，历朝历代都重视修筑驿站，以此作为上传下达的通道，并保证往来官员及商客的食宿、安全。唐南诏时期就在今保山与腾冲之间设置驿站，“高黎共（贡）山在永昌西……

① 李枝彩《南方丝路永昌道文物史迹概览》及其示意图，《保山史志》，2013 年第 2 期。

自永昌之越赕（今腾冲），途经此山，一驿在山之半，一驿在山之巅。”（唐樊绰《云南志》卷二《山川江源》）。元在云南建立行省以后，在云南各地的交通要道上设置驿铺，形成了贯通全省的驿站网，元代的驿铺设置到了缅甸边境。明时期，设置的驿铺数量得到了增加。清代，用堡替换驿，主要用于军事战备；清后期的铺，距离较之前缩小，每铺之间相距仅仅10里至50里不等，经昆明过楚雄、大理、保山、腾冲到缅甸的古道上，沿途的军站及堡多达40多处。现当代以后，沿着古西南丝绸之路修筑的各条道路发挥着重要作用，民国时期修筑的滇缅公路，从昆明出发，途经楚雄、大理、保山、德宏5州市17个县，从

西南丝绸之路——高黎贡山古道

畹町出境到达缅甸腊戍，全长 1146.1 公里，基本上是沿着古西南丝绸之路修筑，这条路为滇西抗战的胜利起到了重要的保障作用。新中国成立以后，相继修通了保腾线、保六线、保昌线、保云线、保施线等省道及众多县道、乡道。新世纪以来，更是修通了众多高速公路，国道 G56 杭瑞高速经昆楚—楚大—大保到达保山，保山向西又修通了保龙、保腾等高速公路，形成了四通八达的公路网，这些公路网基本上也是沿着古丝绸之路修筑，对保山地区乃至整个滇西地区的经济社会发展、文化发展起到了极其重要的作用。

3. 贸易之道

西南丝绸之路是一条政治、经济纽带，它开通的目的从一开始就不仅仅是控制西南地区、军事防御及信息传递等，另一个重要的目的是商贸往来。西南丝绸古道上的贸易往来，使保山成为中国西南地区乃至整个中国地区与缅甸、印度等南亚东南亚及中亚国家进行贸易的重要交通枢纽及物资集散地，极大地促进了保山地区城市的繁荣、经济社会的发展。元代的《马可波罗行纪》中记载，这里盛产黄金而没有银矿，故内地很多商人携带银子到永昌地区置换黄金，从中获取巨额利润，因此，永昌地区商贾云集，异常繁华。明时期的永昌，成为滇西的行政中心，永昌古城也仿金陵包钟山之制另建子城于太保山上，改土城为砖城，开八门，均设城楼，成为云南规模最大、最壮丽的一座古城。清朝末期，是保山古代贸易最发达的时期，其开放态势一度走在全国前列。据史料记载，1829 年腾冲进出口货值达 100 万英镑，仅棉花每年入腾就达 635 万公斤，价值 22.8 万英镑。而 1837 年，从广州口岸入境的货值才 90 万英镑。当时，无论是经济、人文还是城市，保山在云南都拥有较高地位，独特的区位造就了丝路永昌的辉煌局面。

宋明之后，由于海上丝绸之路的发展，西南丝绸之路渐趋沉寂。然而，古道上的民族迁徙、商业贸易、宗教传播以及军事活动从未中断过。

4. 交往之道

沿着西南丝绸古道而进行的民间交往、民族迁徙极大地促进了中国与南亚东南亚各国之间的人文交流。东汉时期，掸人（缅甸民族之一）曾沿着西南丝绸古道经过永昌到达洛阳贡献珍宝。

东汉永元九年（97年），“永昌徼外”掸国（今缅甸掸邦）王雍由调首次向东汉朝廷进贡，和帝赐给雍由调金印紫绶；永宁元年（120年），掸国王雍由调再次遣使入贡，献乐及幻人在宫廷表演，雍由调被封为“汉大都尉”。永建六年（131年），顺帝赐掸国王金印紫绶。唐贞元十八年（802年），骠国王雍羌遣其子舒难陀那经永昌到长安，向唐朝廷献乐舞，唐朝大诗人白居易写下了著名的《骠国乐》。元明清时期，随着中央王朝对西南边境控制的加强以及驿（堡）铺、关哨（隘）塘（卡）讯的设置，道路的通达性大大提升，更是加强了西南丝绸古道上各国、各民族的交往。第二次世界大战期间，沿着西南丝绸古道，保山与缅甸成为重要的军事阵地，中国远征军与同盟国将士在这里抛头颅、洒热血，为了人类的和平事业，立下了赫赫战功。1956年，缅甸总理吴努一行及中国周恩来总理一起到芒市参加了中缅边民联欢大会；1961年，应周恩来总理邀请，缅甸总理吴努再次乘飞机从仰光抵达保山参观访问，并前往佛教圣地卧佛寺朝拜。自20世纪90年代以来，保山与缅甸克钦邦地方政府及特区政府建立了稳定的地方政府间边境工作协调合作机制，经中缅两国中央政府批准，保山市和密支那缔结为友好城市。在民族迁徙方面，直到现在，仍有大量的缅甸民族经合法或非法途径沿着西南丝绸古道或者西南丝绸古道延伸出的边民互市通道进入保山，并且在保山经商、就业、求学、务工、婚配等，2015 年，在保山境内的缅籍人员达到了 9000 人左右。

5. 古道遗迹

斗转星移，日月交替，西南丝绸古道的绝大部分道路已淹没在时光的风雨之中，但一些雄关险隘，骡马蹄印，诗联题刻，至今仍留下深深的历史印迹。

位于今云南大理及保山交界处的兰津古渡及原建霁虹桥，是西南丝绸古道的必经之路，位于澜沧江之上，连接北岸的博南山及南岸的罗岷山，古为舟筏渡口，东汉永平年初架起藤蔑桥，元元贞元年（1295 年）改架木桥，得名霁虹桥，明代成化十一年（1475 年）改建铁索桥，清康熙年间重修。澜沧江浊浪排空，两岸悬崖峭壁，十分险峻，但却是西南丝绸古道通向缅印的必经之道，古代南来北往的商贾游客、官员、军队、马帮等，无不经过该桥通往各地。这里历来以险峻、绮丽的自然风光著称，雄伟的铁索桥触发了南来北往的人们的情怀，攀岩石刻，题字作诗。东来的行人攀抵博南山顶，迎面便可看见残存拱门之上的石刻大字“觉路遥远”“雄关耸峙”；南岸“峭壁千仞”，如刀削斧劈的普陀岩，从崖顶到崖脚布满题刻文字，前人题满，后人无处可题则用大号字体覆盖。这些题刻字体纷繁，或方正秀美或雄浑豪放或清新飘逸，内容主要有赞美古渡天堑的，如：明嘉靖三十九年（1560 年）监察御史王大任题刻“怪石倒悬侵地隘，长江浩曲盘山多”；有赞美渡上飞桥的，如：明成化年间督学使吴鹏所题“西南第一桥”；有记述史事，凭吊先哲的，如：明嘉靖四年（1525 年）督学使胡尧等《澜沧江缅怀先哲》以及万历年间江盈的《过兰江桥拜武侯祠》等。1983 年，云南省人民政府将霁虹桥划为重点文物保护单位。

除此之外，西南丝绸古道旁的平坝中、峻岭上、丛林内、河道旁、峡谷间，都分布着灿烂多姿的历史遗迹，记录着西南丝绸古道的兴衰变迁，记述着古代的征战、民族的迁徙、中国文化与域外文化的交融传播，为我们再现了充满奇迹的丝路开发史与丝路的辉煌篇章。

（四）唐宋元明清时期的永昌

中央政权在永昌的影响始于西汉，东汉时期达到了鼎盛，魏蜀吴及两晋时期，由于家国的动乱、地方民族政权的反叛，永昌郡治迁到永寿（今耿马）后就逐步衰落。隋朝时期，永昌郡被废除，为益州总管府地。[①]

1. 永昌节度的设置

唐朝初年，在今云南大理地区的南诏民族开始崛起，建都大理，建都以后，便把向西拓展作为其发展目标。开元中前期，“盛逻皮置拓榆城（今保山城）”，管理永昌地区。开元十六年（728 年）后，盛逻皮之子皮逻阁统一六诏，建立了南诏国。南诏国在向东不断征服爨地的同时，将向西发展也作为其目标，于光元元年（784 年）在今保山城置永昌节度。隶属的城镇主要包括：拓榆城、诸葛亮城、腾充城（或腾湾城）、越赕等 30 余城。

① 保山市隆阳区史志委点校：《保山县志稿》，云南人民出版社，2003 年 3 月版，第 15 页。

贞元十二年（796年），阁罗凤之孙异牟寻在腾冲置软化府。为了加强对永昌地区的统治，加之当时永昌境内人烟稀少，天宝年间（742～759年），皮逻阁之子阁罗凤便胁迫迁徙西爨二十余万户至永昌，西爨当时也叫白蛮，即今天的白族。从此，加强对永昌地区的统治，使永昌地区从两晋时期“有名无民”的衰败状况慢慢复苏起来，政治、经济、文化再次得到发展，一度销声匿迹的永昌又发展了起来。

2. 永昌府城的始建

南诏蒙氏传到舜化，被郑买嗣篡位（唐昭宗天复二年），继而灭亡，后被赵、杨二氏相承，最终被段思平所取代，建立大理国。大理国前期，永昌地区仍为永昌节度，大理国中后期宋乾德三年（965年），段恩平，将永昌节度改置永昌府，将敕化节度改置腾冲府隶属大理国。唐代，中央王朝屡受南诏叛乱的影响，自五代时期至宋，中央政权放弃了对西南地区的管辖，大理段氏时期，虽多次遣使入贡，但均遭拒绝，导致大理与宋朝的关系日渐疏远，上层交往时断时续，永昌地区的发展在这一时期内也无较多记述。

3. 元明清时期的永昌

南宋宝祐元年（1253年），忽必烈进军大理国，遇到了云南各民族的强烈反抗，忽必烈征服大理之后，为继续招降未降服的“诸蛮”，蒙古政权在原大理国辖区内设置军政合一的万户府、千户所、百户守御所，元宪宗六年（1256年），改永昌府为永昌三千户，隶属大理万户府。随着元朝中央政权向西南的不断推进，在云南建立政权水到渠成，元朝撤销了原来的万户府、千户所、百户守御所，设置路、府、州、县各级政权组织，并设置宣慰、宣抚、安抚等军事组织官职，治理所管辖区。元世祖中统二年（1261年）设置永昌安抚司，统领金齿（今佤族、德昂族、布朗族的先民）、白夷（今傣族）等部落，并设置金齿等处宣慰使，恢复原万户府、千户所、百户守御所等军事机构。至元十一年（1274年），由永昌千户所改立永昌州，属大理路。至元十五年（1278年），升为永昌府。至元二十二年（1285年），改永昌安抚司为镇西路军民总管府，统领辖区内的军事和行政。并改设大理金齿等处宣慰司兼管军万户府，后改为永昌等处宣慰使司都元帅府，治大理、永昌、金齿诸路。

明代，朱元璋裁撤元朝的“路”级行政机构，健全了府、州、县机构的设置与管辖。并对元朝的军事制度进行改革，创立了独具特色的卫所制，在地方，设都指挥使司（简称都司），置指挥使，为地方统兵长官。都司之下，在要冲地区的府（含直辖州）、县（州）置卫或设所。明初，永昌府、卫分立，同治一城。洪武十五年（1382年），明军攻克大理，进驻永昌，并分兵平定腾越。同年，永昌万户阿凤率众降服，指挥王贞复置永昌军民府。洪武十八年（1385年），兼设金齿卫。洪武二十二年（1389年），金齿卫指挥使李观依据旧制建永昌砖城，并上书撤销永昌府行政机构，改金齿卫为金齿军民指挥使司，以独揽军政大权。洪武二十三年（1390年），升金齿卫为金齿军民指挥使司，诏定设永昌税课司及腾冲卫指挥使司税保局。洪武二十八年（1395年），金齿军民指挥使司指挥胡渊扩建永昌西城，纳太保山于城内。正统二年（1437年），置腾冲千户所并腾冲卫。正统九年（1444年），设腾冲军民指挥使司。直到嘉靖元年（1522 年），明世宗撤金齿军民指挥使司，复设永昌府，仍置永昌卫，改腾冲军民指挥使司为腾越州，仍置腾冲卫。嘉靖三年（1524 年）以府城所在地设立保山县，以县城倚太保山而建得名，此后便与永昌之名同行，逐渐取而代之，成了今名。自此，保山建置基本稳固并定位于府治。

清代，地方行政机构一般分为省、府（州、厅）、县三级，监察机构为督察院，把全国划分为十五道监察区，督察院设十五道监察御史，分掌稽核各道的刑民案件等。清初，永昌的建置仍沿袭明代，设卫、所，后慢慢裁撤。清顺治十六年（1659 年），南明永历皇帝被清军追剿逃至永昌，并一路西逃至腾越、缅甸，清军一路追击至腾越，并攻占腾越，永昌仍设永昌军民府。次年，设永顺镇总兵①，腾越协副将②。康熙二十二年（1683 年），设分守永昌道，永昌道初设时，以永昌为名，首府在大

① “镇”即镇戍制度，是明代开始的一种军事、国防制度。凡边塞、沿海及西南少数民族地区的要害地方，平时都设重兵镇戍。

② “协”是清代军事单位；“副将”是明清时期的武官名，清沿明制之副总兵而改称副将，秩从二品，位次于总兵。统理一协军务，又称协镇，别称协台。

理，一直持续到光绪年间移驻腾越。康熙二十六年（1687年），裁永昌卫、腾冲卫，屯赋分别归保山县和腾越州。雍正八年（1730年），改永昌道为分巡迤西道，府城移驻大理。乾隆三十五年（1770年），设施甸巡政厅和龙陵厅[①]，龙陵厅辖龙陵和潞江、芒市、遮放三土司以及勐板土千总。乾隆四十年（1775年），改腾越协为腾越州，仍置腾越镇，改永顺镇为永昌协。嘉庆二十五年（1820年），改腾越州为腾越厅，直隶迤西道。道光二年（1822年），改腾越直隶厅同知为分防同知，隶永昌府。光绪二十九年（1903年），迤西道署由大理迁至腾越。光绪三十三年（1907年）裁腾越镇三营游击、都司、守备、千总、把总等机构。永昌府清时的辖境相当于今保山市区和永平、云龙、腾冲、龙陵、昌宁湾甸、梁河、盈江、陇川、瑞丽、镇康、泸水等县。永昌府治重建以后，一直持续到辛亥革命后的民国二年（公元1913年），历时数百年。

4. 元明清时期永昌的繁荣与发展

元明清时期，是永昌经济、社会、文化大繁荣、

① "厅"是清朝地方行政单位之一，直属于省，其长官为同知或通判。

大发展时期，随着中央政权对永昌地区的不断开拓以及唐以来南诏、大理政权对永昌地区的影响，永昌文化与中原文化、南诏、大理边地文化不断融合，相互渗透，呈现出多姿多彩的特点。

（1）经济。元代，云南行省建立以后，便在云南广设驿铺（古代传递文书的人员中途休息和换马的处所），其中在永昌境内的驿铺设置到了缅甸边境，这种驿铺的设置一方面加强了地方与中央政权的通达度，另一方面也方便了商贾往来。云南行省第一任行政长官赛典赤·赡思丁在驿道上设置土酋吏、百夫长保护往来商旅的安全，并减轻商业税收，使内地商人多往云南贸易。在一些农村，也出现了集市，“金齿白夷，交易五日一集，旦则妇人为市，以毡布茶盐互相贸易。”[①] 缅甸的玉石经永昌销往中原地区，著名的云南马也经缅甸而大量销往印度。

明代，随着大量移民的到来，永昌地区得以快速发展，形成了众多城乡交易市场，永昌、腾越成为重要的商贸中心。随着西南地区与缅甸、

① 转引自太丽琼：《保山古代移民与社会影响研究》，云南人民出版社，2016 年，第 92 页。

印度贸易的进一步发展，永昌与腾越地区形成重要的物资集散地及商旅贸易之地，与之相适应的城乡市场也快速繁荣起来，永昌、腾越地区的“街子”贸易在《徐霞客游记》中均有记载，除了“街子”，还有定期的大市和庙会，比如“花街”，源于明代永昌名家张志淳在端午节这天将自家的花卉摆出供市民观赏，以后便形成一种约定俗成的习俗，端午节这天举行盛大的花卉展销会，后来逐渐演变为商品交易会，到了今天，已经发展成为一个盛大的、集商贸、观光、文化展演为一体的综合性商品交易会。

清代，永昌地区经济社会发展到古代永昌地区的顶峰。这时期，光绪《永昌府志》中有这样的记载：“永郡之在滇省，地处极边，与缅甸接壤，一切货殖较他地为多，故贾客亦最众。兼之土地富饶，产物甚多，南北街场星罗棋布，至如十二属相定街期，则滇省风气使然，不徒一郡也。”① 可见永昌城的繁荣盛景。当时的腾越繁荣程度更是超过了永昌，随着对外贸易的发展，腾越作为

① 转引自太丽琼：《保山古代移民与社会影响研究》，云南人民出版社，2016年，第193页。

西南边城最为重要的对外贸易口岸，“市肆实物之繁华，城池风景之阔大，滇省除昆明外，他郡皆不及，人以此谓小南京焉。”[①] 1900 年前后，英国驻腾冲领事馆、腾越海关、中国银行相继在腾冲设立，更是加速了腾冲的繁荣与发展，使腾冲成为极边重镇、贸易重镇。

（2）农业。元时期，大量的移民为永昌地区带来了丰富的劳动力，使永昌地区的农业技术和手工业得到了快速发展。赛典赤为了大力发展农业，特设张立道为劝农官，以劝课农桑为主要任务，张立道重视农业生产，并把内地的养蚕技术传入白族地区，使白族乃至永昌地区的蚕茧量成倍增长，促进了纺织业的发展。明代，规模化的移民成为农业发展的最为重要的人力基础，这些移民在永昌开展大规模的垦植，开辟出大量农田。再加上明代初年的军屯法规定由朝廷供给屯种旗军耕牛、耕具、种子，按照这一规定，卫、所军士下屯后生产上所需的一切生产资料均由政府提供，并授受相关农业技术，同时，在与少数民族的交

① 转引自太丽琼：《保山古代移民与社会影响研究》，云南人民出版社，2016 年，第 194 页。

流中，将耕种技术传给少数民族，加速了永昌地区各民族农业的快速发展。清代，废除了屯田制，“将屯田并入民田，农民可以自由开垦土地，编户入籍者出一定银两即可占有私田，从而使私田面积逐步扩大，同时采取了一系列鼓励措施，鼓励垦荒。农民私人开垦农田，初开三年不征税。”[①]清鼓励开垦农田的许多政策，调动了农民的积极性，耕地面积得以快速增加。再加上一些新的农作物品种以及水利灌溉设施的兴修，为农业发展奠定了基础。

（3）教育。元明清时期的永昌注重办学，在永昌府、腾越厅、龙陵厅、永平县均有办学，方式多种多样，级别有府学、县学、社学、私塾，从学校规模上看有较大的庙学、地方乡绅创办的学田、书院等，教材多为“四书五经”等儒家经典。规模较大的有永昌府儒学，建立于明初，明清时期历代均进行修缮，办学时间长达 349 年；明嘉靖四十二年（1563 年），设正学书院（原永昌府书院）和保山书院（元保山县书院），位于今保

① 太丽琼《保山古代移民与社会影响研究》，云南人民出版社，2016 年，第 183 页。

山第一中学和实验小学；明万历十一年（1583年），永昌知府陈严之、邓子龙捐资筹建见罗书院，位于今保山城黉学街；清康熙三十八年（1699年），设九隆书院，位于今保山实验小学。另有大海子学田、诸葛营学田、永保书院、永昌府义学等多处学社。保山私塾办学，较为出名的是明代杨元（字务本），他淡泊名利，为人谦和低调，其弟子张志淳、张含、张合，成为保山的一代名人；清代林俊，其弟子是云南著名的回族起义首领杜文秀。在明清时期的保山出了较多的进士、举人，据学者统计，该时期保山共有45名进士（包括腾冲及永平）及424名举人（明代284人，清代140人）。

（4）文学艺术。这一时期，永昌文化灿烂多姿，成为云南边陲的一颗闪亮的文化之星。这一时期产生于保山的著述多达上百种，著名的文人有官至户部右侍郎的张志淳，后被奸人所害辞官归故永昌，闭门谢客，潜心著述，著有《南园集》《南苑漫录》凡十卷、《永昌二芳记》等；其子张含、张合，张含被誉为保山历史上“置之海内，而无愧色”的著名诗人，与杨慎成为至交，著有《春园诗》（与父张志淳合作）《禺山文集》等；张合为张志淳次子，嘉靖十一年考取进士，政绩出色，著述也颇多，有《合阁名言》《宙载》等。另一位对保山历史文化产生较大影响的是杨慎，字用修，号升庵，自幼聪明好学，明嘉靖三年（1524年）因“议大礼”触怒明世宗，被充军永昌，在永昌与张含交好，他博古通今，一生著述多达400多种，对永昌的文化繁荣作出了较大贡献。另外还有王弘祚（明清）、马注（明末清初中国伊斯兰教著名经学家）、袁文揆（清）、范仕义（清）等著名诗人、学者，均在明清时期对永昌、保山地区的文化繁荣作出了较大贡献。

（5）宗教。元明清时期，是永昌外来宗教盛行的时期，除了保山信奉的原始宗教以外，还有佛教、伊斯兰教、道教、基督教。①原始宗教。由于永昌地区自哀牢以来，民族众多，有濮人（今德昂族、布朗族、佤族、景颇族等）、越（今傣族）、昆明（阿昌族、景颇族、哈尼族等）、嶲（彝族、傈僳族、拉祜族）等土著名族，后又自大理迁来了西爨（今白族），这些民族信奉原始宗教，崇尚鬼神、图腾崇拜，有专门从事原始祭祀活动的巫师，男的称为“香童”“朵希”等，女的称为“师娘”“朵希婆”等，借助原始巫术驱赶鬼神、并与地方原始戏曲相结合的“香童戏”至今在保山仍然存在。②佛教。该时期的永昌汉族、白族多信仰大乘佛教，傣族、阿昌族、德昂族等多信奉小乘佛教。其中大理国到元代时期也信奉过阿吒力教（佛教支系）。佛教在永昌地区的传播可追溯至唐朝大历二年（767 年），印度高僧摩伽陀到腾冲宝峰山结庐传教。佛教在永昌兴盛发展，信徒众多，大小佛寺遍布保山各处。③伊斯兰教。元宪宗四年（1254 年），随着蒙古族的入侵，伊斯兰教传入保山，始建清真寺。在占领金齿的蒙古大军中，有四分之一是皈依伊斯兰教的色目人，他们在当时的永昌、腾冲大力兴建清真寺，伊斯兰教因此在保山得到了大发展。④基督教。清光绪二十年（1894 年），英国牧师到腾冲传教，基督教开始在保山传播，在这以后，各国传教者接踵而至，民国年间遍及各县区。⑤道教。元代保山的道教信仰尚不明显，到了明代，道观渐多，道教门派主要是全真龙门派，腾冲云峰山至今仍是著名的道教名山。

（6）移民。汉代以前的保山，作为古哀牢国的发祥地和统治中心，曾是“哀牢夷”的世袭领地，过着相对封闭的农耕生活。从西汉开始，这种状况发展了转变，来自中原王朝以及其他边地的民族开始迁徙至保山，在这里安家落户。史籍中最早记载的保山移民是汉武帝时期迁到今保山金鸡村的吕不韦后代吕嘉一族，随后，永昌置郡，“相继而来的官吏、屯军、移民都以郡县治城为中心自成体系，星罗棋布于土著居民邑落地之间”（耿德铭《哀牢文化研究》）。到了唐南诏时期，阁罗凤迁西爨（今白族）20余万户到永昌城，用于边地开发与战略防卫。元时期，蒙古大军在征服云南各地的过程中，为了削弱各民族的势力，大部分随蒙古军的军户都在当地落籍，蒙古人、色目人、汉人是迁居永昌的三大主体，类别主要是镇戍移民，仕宦、谪迁、商旅移民，驿传移民。[①] 在元代移民的大浪潮中，最为突出的是契丹民族的移民。契丹民族曾是北方的一个游牧民族，并建立了契丹辽国，政治经济实力强大，曾与北宋王朝分庭抗礼。后来在金朝统治下的契丹族，深受金

① 参考太丽琼：《保山古代移民与社会影响研究》，云南人民出版社，2016年，第85—89页。

朝压迫，很多契丹人流向了蒙古，并被蒙古军队编制在“探马赤军”中，在随忽必烈南征云南时，于1253年平定大理之后，留在当地从事防戍和屯垦。20世纪90年代，学者们在保山施甸县发现了契丹族的后裔，引起强烈反响。今保山施甸境内的契丹后裔依然保持着原契丹民族的很多风俗习惯。

明代，是永昌移民的高峰期，大量的汉族从中原地区迁移过来，进行戍边、屯垦，开发永昌大片肥沃、荒芜的地区。移民的类别主要有军事移民、民屯移民、罪徒移民、商屯移民四大类[①]。其中，军事移民人数约六七万人；民屯移民人数最多，主要是把江南江西穷苦百姓迁移到永昌开垦农田；罪徒移民、商屯移民数量相对较少，但是对永昌当地的经济社会发展是极为重要的。明代，伴随着移民，出现了大量的移民新村，至今仍保留原来的名字，如吴安屯、马官屯、王官屯、马王屯等。

清代，移民方式发生了较大转变，由原来的

① 参考太丽琼：《保山古代移民与社会影响研究》，云南人民出版社，2016年，第113–135页。

强制性移民过渡为政策引导方式的移民以及民间自发移民。移民的类别主要分为：战争落籍移民、绿营兵驻守移民（清代分八旗兵和绿营兵，八旗兵由满族组成，绿营兵由汉族组成）、农业移民、开矿移民。战争落籍移民主要是因为战争的缘由，在逃亡或者是征伐的过程中产生的移民；明末清初的农业移民带有鼓励的性质，朝廷对移民至西南地区的农民实行减税及贷给种子、耕牛的优惠政策，极大地调动了农民移民的积极性，永昌地区移民为数不少；永昌地区矿产资源丰富，开矿移民的类别包括矿工及开矿富商等。

从汉代的少数移民到元明清时期的规模化移民，不仅为永昌地区带来了大量的劳动力，而且带来了先进的生产工具、生产工艺及生产理念，极大地促进了永昌地区农业及手工业的繁荣；此外，大量的移民促进了汉夷文化的融合，共同造就了灿烂辉煌的永昌文化。大量移民的到来，与土著居民一起共同推动了永昌地区经济社会的繁荣发展，对西南边疆的经济社会产生了巨大而深刻的影响，由保山社科基金资助、保山市社科联主持、保山学院副教授太丽琼为主实施的重大课题《保山古代移民与社会影响研究》，已于2016年4月由云南人民出版社正式出版。

（五）民国时期的保山

1911 ~ 1912年，辛亥革命成功推翻了清朝的统治，结束了中国两千多年来的封建帝制，开启了民主共和新纪元。这一时期，国内形势复杂多变，封建、殖民、资本主义共存，在祖国西南边陲的永昌地区，紧跟历史的车轮，积极投身于革命之中，涌现出了大批仁人志士，历经重重劫难，为新民主主义革命的胜利作出积极贡献。

1. 民国时期保山的建置

民国时期，保山的建置及隶属关系变更频繁，但行政公署机构基本上都设于腾冲，管辖各县、设治局和行政委员会。

"民国元年（公元1912年），仍设永昌府。二年（公元1913年）裁府，设保山县以至今。（《保山县志》）"中华民国二年（1913年），撤永昌、腾冲两府和龙陵厅，设保山、腾冲、龙陵3县；同时改迤西道为滇西道，设观察使，仍驻腾冲，管辖大理、楚雄、丽江、保山、腾冲、永北（今永胜）、蒙化（今巍山）等县。中华民国三年（1914 年），滇西道改称腾越道，治所腾冲，观察使改称道尹，下辖腾冲、保山、龙陵、顺宁（今凤庆）、镇康、永平、云龙、丽江、剑川、中甸、维西 11 个县和干崖（今盈江）、莲山（今属盈江）、陇川、勐卯（今瑞丽）、芒遮板（今芒市）、泸水、康乐（今福贡上帕）、知子罗（今属福贡县）、菖蒲桶（今属贡山县）、德钦 10 个设治局①。

南京国民政府成立后，为了加强中央集权，通令废除道制，实行省、县二级制。11 月底，云南遵令废除三道②，但顾虑边务，“势不能不特设殖边机关，专司其事，以巩边防，而杜侵蚀”。③省政府报请国民党中央批准，在边疆地区于道制取消之日，同时成立两殖边督办公署，直隶于省，专理边务。第一殖边督办公署设治腾冲县，著名哲学家艾思奇的父亲李曰垓为督办，辖腾冲、保

① 设治局，官署名。民国时期，在尚未设县的边远地区，置设治局，筹建县治。主官为设治委员，权限相当于县知事（北洋政府时期）或县长（国民党政府时期）。

② 三道为：腾越道、普洱道、蒙自道。

③ 洪崇文：《民国时期云南边疆管理机构的重组》，《云南民族学院学报（哲学社会科学版）》，1993 年第 2 期，第 81 页。

山、龙陵、顺宁（今凤庆）、镇康、永平、云龙、兰坪、丽江、剑川、中甸、维西 12 个县和梁河、盈江、莲山、陇川、瑞丽、潞西、泸水、康乐（今上帕）、知子罗（今属福贡县）、菖蒲桶（今属贡山县）10 个设治局。督办公署内设督办、会办，有秘书、技术人员。另设有三科：第一科分管防守、治安、交通和不属于别科所管的事项；第二科分管界务、边界纠纷等事项；第三科分管文化、教育、实业、慈善、卫生和考核等事项。

民国二十八年（1939 年），撤第一殖边督办公署，改设腾龙边区行政监督公署；中华民国三十一年（1942 年）五月，日军侵占腾冲，腾冲沦陷后，行政监督公署自行解散。七月，云南省政府在昆明暂设云南省第六区行政督察专员公署，管理保山、腾冲、龙陵三县和梁河、盈江、莲山、陇川、瑞丽、潞西、泸水 7 个设治局，后又于 1944 年 10 月迁回腾冲办公。民国三十七年（1948 年），改第六区行政督察专员公署为第十二区行政督察专员公署，治所腾冲，辖区不变。1949 年 12 月 15 日，腾冲解放，第十二区行政督察专员公署为腾冲县临时人民解放委员会接管。12 月 28

日，成立中共保山地委、保山区人民行政专员公署，治所置于保山县城，辖保山、腾冲、龙陵、昌宁、双江、镇康、潞西、云龙8县，耿马、泸水2设治局，瑞丽、陇川、莲山、盈江、梁河5个民族行政委员会。王以中任地委书记兼专员，王以中、王立政、杨苏任地委委员。至此，永昌大地的政治中心再次迁回保山，并一直延续至今。

2. 民国时期保山经济社会的发展

（1）经济。虽然政局动荡，但是民国时期保山的经济发展还是较为迅速的，重工业、轻工业、商贸物流业、银行业、进出口贸易在这个时期均得到了发展。在各类史籍中均有对保山盛产矿产资源的记述，从清代开始，大规模的采矿业在永昌地区发展起来，到了民国时期，铁矿开采、冶炼技术逐步提升，保山大田坝一带建靠山炉35座，年产生铁1250吨，炒铁炉29座，年产铁条1000吨，年产铁锅2.7万口。此外，在腾冲、龙陵等地都有规模不一的铁矿开采、冶炼工厂或作坊。保山的电力在民国时期发展起来，保山当时有九龙电灯厂，腾冲成立了龙光电力股份有限责任公司。轻工业主要是一些手工业，包括食品生产、加工，纺织、制茶业、制陶、花炮、火柴生产、肥皂、玉雕等。例如，民国十年（1921 年）腾冲火柴厂建成，生产木盒火柴，到了民国二十三年以后，年生产火柴约 4000 件（每件 100 包，每包 10 盒），产值为银元 7.2 万元。这一时期，保山还建立了多个工厂，如棉布厂、印刷厂、木材经营公司等，甚至出现了汽车制造厂（龙陵“资源牌”汽车制造厂）。

保山的商贸物流业主要集中在保山、腾冲两地，大商号主要集中在腾冲，著名的有洪盛祥、永茂和、茂恒、万通等，主要经营丝、茶、硫黄、棉花、纱布、布匹、玉石、火柴等。进出口贸易也主要集中在腾冲，保山作为物资运转要塞。由于 1894 年《滇缅商务条约》的签订，规定自 1894 年开始的 6 年之内，中国所制造的所有货物，除了盐之外，从陆路输出缅甸，一概不收税；英国和缅甸所产之物，除了米之外，从陆路进入中国，概不收税。所以，从这开始，英、印度、缅甸的货物大量经过缅甸陆路进入腾冲，腾冲成为重要的物资集散地，出口的物资主要是黄丝、土特产，进口的货物包括了棉纱、百货、珠宝、玉石等，其中还包括鸦片。民国时期，腾冲继续成为对缅、对印贸易的重要关口，对外贸易进入繁荣时期，在腾冲从事进出口贸易的商贾云集，在腾冲经缅甸到印度的商路上，车水马龙，异常繁荣。后来，随着滇缅公路的修建，保山成为重要的物资集散地，腾冲沦陷后，更是成为滇西重要的抗战物资集散中心。随着商贸的发展，数家金融机构开始在保山设点，有当铺、汇兑商号、银行，比较出名的有富滇银行、中国银行、交通银行等，但大多昙花一现，被战火所迫终止营业。

（2）教育。民国时期，保山兴建了大量学校，主要集中在保山、腾冲、龙陵三县。在保山县，民国时期，小学教育、中学教育、师范、中专教育得到了快速发展，民国二年（1913 年），开办云南省立第五师范学校，民国六年改为云南省立第四中学，现为保山第一中学。到了民国二十四年（1935 年），保山县共设立学校 287 所，324 个班，在校学生 1.22 万人。到了民国 38 年（1949 年），保山的中学共有省立保山中学、县立保山中学、远征中学、甸阳中学、九峰中学 5 所；有小学 600 多所，在校学生 4 万多人，教职工 2000

多人。腾冲、龙陵也办了数量较多的学校，许多学校一直延续至今。此外，图书馆以及一些期刊的创办也促进了保山文化教育的繁荣，比如：民国十七年（1928 年），至今仍为中国农村最大图书馆的腾冲和顺图书馆建成；民国二十年（1931 年），建保山民众教育馆、腾冲县立图书馆，同年，国民党保山县党部书记长丁智初创办《保山日报》。

（3）文学艺术。民国时期，保山的文学艺术呈现出多元化倾向，内容包括文学创作、民间歌舞、美术、雕刻、戏剧创作等。文学创作由于战乱的影响，范围并不广，只活跃在少数乡绅和政界人物中。著名的政界人物文章有李根源《告滇西夕老书》、腾冲抗日具长张问德《签田岛书》等。这一时期，在延续古文文体的基础上，也出现了白话文文章，比较突出的有云南省党组织创始人之一的龙陵人李鑫，其创作的歌词有《十二杯酒》《八点钟》《干起革命来》等。腾冲这时期最为著名的作家是李根源，著有《温泉过年诗三十五首》《曲石文续录》《胜温集》《镇扬游记》等。保山地区的戏曲创作始于民国，最为突出的是花灯剧，一直延续至今。文学艺术方面一个突出成就是史志的编修，民国三十年（1941 年），李根源主编的保山第一部地方文录《永昌府文征》刊刻出版，该文录共 26 册，136 卷，收录了保山自汉代至民国的相关文献资料，其中有诗歌 11563 首，文章 1102 篇，历史记载 252 篇，人物列传 66 篇，涉及范围较广，为云南史学研究者所推崇；同年，《腾冲县志》编修，共 33 卷。此外，1946 年，云南著名史学家方国瑜总编纂的《保山县志》，共 35 卷，也是一部意义重大的史籍。这一时期的少数民族艺术也得到空前繁荣，傣族、彝族、傈僳族、白族等少数民族的民间故事、创世史诗得到收集整理。一些展演艺术如皮影戏、佤族清戏得到繁荣发展，并随着时代的变更呈现出不同的特点，现已成为国家级非物质文化遗产。

（4）宗教。民国时期宗教最为突出的是基督教在这里的快速发展，大量的外籍传教士在保山境内传教。民国初年，缅甸英籍牧师雷姬连同美国、英国的传教士、牧师在龙陵成立了“龙潞基督教联合总会”，设总堂于今潞西市中山乡，开始在保山境内大肆传教，发展了大量教徒，其中有为数众多的少数民族同胞。民国十一年（1922年），美国牧师杨志英·黑与龙陵石洞河傈僳族教徒摩西，创造了以罗马字母为符号的拼音傈僳文。到了民国后期，基督教堂在龙陵、昌宁、腾冲等都有兴建。

（5）交通。民国时期保山的交通得到了跨越性的发展，在西南丝绸古道的基础上，四通八达的交通网建立起来，促进了区内的经济社会发展，后期更是发挥了重要的抗日救亡作用。民国十八年（1929年），在保山城南卧狮窝动工兴建保山飞机场，这是跨越性的一步，标志着保山的交通线从陆路开始扩展到航空，1941年，驻贵阳的空军第五总站迁至保山机场，1944年，美国空军第10和第14航空队驻防保山机场，更是增加了保山机场的战略地位。民国十九年（1930年），保山坝开始修建马车道，区内开始出现马车运输。民国二十四年（1935年），由爱国侨领梁金山捐资建造的惠通铁索桥建成通车，后被日军炸毁，又于1944年8月18日修复通车，极大地改善了怒江两岸的交通。民国二十六年（1937年），保山广大人民群众积极参与到滇缅公路西段的修筑工程中，保山境内开始出现第一条严格意义上的公路。民国三十四年（1945 年），自昆明经保山、畹町出缅甸至印度雷多的中印公里南线通车，成为重要的抗日救亡要道。民国时期保山交通的发展，为新中国成立后保山交通的发展奠定了坚实基础。

（六）从保山地区到保山市

1. 新时期保山的建置沿革

1949 年 10 月 1 日，中华人民共和国成立。12 月 28 日，中国共产党保山地方委员会成立，同时，成立保山区人民行政专员公署，治所设于今隆阳区，辖保山、腾冲、龙陵、昌宁、潞西、云龙、镇康、双江 8 县和瑞丽、陇川、莲山、盈江、梁河、泸水、耿马 7 设治局。1950 年 3 月，保山区人民行政专员公署改称为云南省保山区专员公署，同月，云龙县划归大理专区；3 ~ 4 月，中共保山、腾冲、龙陵、昌宁 4 县委员会正式成立。10 月，云南省保山区专员公署改称为云南省人民政府保山专区专员公署。1952 年 11 月，经政务院批准，原属保山专区的耿马、镇康、双江 3 县划归新成立的缅宁专区（今临沧市）。1953 年 7 月，从保山专区划出潞西、莲山、盈江、陇川、瑞丽和梁河 6 县及畹町镇，成立德宏傣族景颇族自治区，至此，保山专区辖保山、腾冲、龙陵、昌宁、泸水5县。1954年4月，泸水县从保山专区划出，划归新建的怒江傈僳族自治区，至此，保山专区辖保山、腾冲、龙陵、昌宁4县；7月，成立中共德宏傣族景颇族自治区工作委员会，隶属中共保山地委。1956年4月，德宏傣族景颇族自治区改设自治州，原保山专区所属4县（保山、腾冲、龙陵、昌宁）合并至德宏州，保山专区建置撤销。1958年2月，龙陵县第四区（潞江坝）划归保山县。1962年，国务院批准保山县南部的五个区划出，设置施甸县。1963年1月3日，中共施甸县委员会成立。

1963年8月25日，经中共中央批准，保山、腾冲、龙陵、昌宁、施甸5县从德宏州分出，复设保山专区人民行政专员公署和中共保山地委，撤销中共德宏州委，改设中共德宏州工作委员会，归中共保山地委领导。

1966年5月，“文化大革命”开始以后，各级党政机关陷于瘫痪。1967年3月，保山专区成立军事管制委员会，实行党政一元化领导，由驻军领导担任军事管制委员会主任。1968年10月1

日，撤销保山专区军事管制委员会，成立保山专区革命委员会。1969 年 1 月 28 日，德宏州军事管制委员会撤销，所属县镇合并至保山专区革命委员会，至此，保山专区再次管辖保山、腾冲、龙陵、昌宁、施甸、潞西、瑞丽、陇川、盈江、梁河 10 县和畹町镇。

1971 年 1 月 1 日，保山专区革命委员会改称保山地区革委会；6 月 20 至 22 日，地委党的核心领导小组召开了中国共产党保山地区第一次代表大会，选举产生了中国共产党保山地区第一届委员会。11 月，原德宏州 5 县 1 镇从保山地区分出，恢复德宏州建置。1978 年 12 月，撤销保山地区革命委员会，恢复保山地区行政公署。1980

年，撤销各县革命委员会，恢复各县人民政府。1983年9月9日，经国务院批准，保山撤县设市，全区范围不变。至此，保山地区辖1市4县，一直延续至2000年12月。

2000年12月30日，国务院批准：（1）撤销保山地区和县级保山市，设立地级保山市。（2）保山市设立隆阳区，以原县级保山市的行政区域为隆阳区的行政区域。至此，保山地区正式更名为保山市，辖1区4县。2015年8月4日，经国务院批准，撤销腾冲县，设立县级腾冲市，以原腾冲县的行政区域为腾冲市的行政区域，腾冲市由云南省直辖，保山市代管。至此，保山市辖1区1市3县。

2. 新时期保山经济社会的发展

（1）工农业。这一时期，保山的农业发展迅速，保山地区开始大规模兴建农场，开发河谷、热区，垦荒种植棉花、咖啡、双季稻、橡胶等，均取得成功并创造了一系列奇迹。茶叶、烟草的快速发展带动了保山整体发展速度，再加上水利设施的兴建、农田基础设施的建设，保山的农业快速发展起来，为后来取得众多成绩奠定了坚实基础。在工业方面，保山地区这一时期开始研制农机具，1974年，保山县农具厂试制成功小型水稻联合收割机。施甸农机厂、腾冲农机公司等相继成立，促进了保山地区农业生产效率。借助气候优势，保山种植的甘蔗品质好、出糖率高，数家糖厂也兴建起来。茶叶种植以昌宁最为有名，昌宁茶叶“滇红”为主的茶叶品种在各级茶叶展销中受到关注与好评，并一度成为全省乃至全国的茶叶生产、示范基地。这一时期，造纸业也得到了发展，1980年，腾冲宣纸厂生产的雪花牌宣纸首次出口日本。1987年，腾冲果品厂的“甘草芒果”获轻工部颁发的“全国轻工业优秀新产品”证书。1983年，保山市民族手帕厂生产的“永昌牌”民族筒帕获国家“金龙奖”，并于1985年被评为全国首届少数民族用品生产先进企业，1990年再次获中国妇女儿童用品博览会银奖。这一时期，保山地区各种规模的轻工业发展起来，不断形成规模，奠定了经济发展的坚实基础。

（2）经济。解放初期，农业经济发面，保山地区通过减租退押、土地改革运动以及农业的社会主义改造，建立了农业生产合作社，实现了主要生产资料的集体所有。1958年，实行人民公社化，集体对生产资料拥有绝对权力，禁止个体经营，在加上“农业学大寨”运动，虽然对巩固农村的社会主义集体经济起到了一定作用，但由于政策太“左”，使农村经济体制更加脱离生产力发展水平，严重制约了经济的发展。直到1979年以后，开始实行家庭联产承包责任制，才再一次激活了农业经济，走上正轨。工业经济方面，1953年开始，通过对资本主义工业及手工业的社会主义改造，逐步建立起了以全民所有制经济为主体，集体所有制经济为补充的社会主义工业经济体制，全面实行计划经济，对关系国计民生的生产资料和消费资料进行统一生产和分配。直到1978年以后，才打破了这种僵化的经济体制，逐步将企业的权利释放，1981年开始实行工业经济责任制，对全民所有制工业企业实行利润包干、责权利相结合的生产经营管理制度，1985年开始实行多种形式的承包经营责任制，提高了企业的自主权进而提高了经济效益。这一时期，农村供销合作社也逐步建立起来，形成了国营商业的有益补充。在金融业方面，70年代以后中国农业银行保山地区中心支行、中国建设银行保山地区中心支行建立、中国工商银行保山地区中心支行等金融机构相继在保山成立，极大地促进了保山地区经济社会的发展。

（3）教育与文化事业。新中国成立以后，保山地区的教育事业得到了空前发展，中小学教育、中高等教育、职业教育、少数民族教育蓬勃发展起来，教育事业得到各级机关的重视，涌现出一大批名校，为国家、社会培养了一大批优秀的人才，极大地支持了边疆地区的发展。同时，保山的文化艺术工作呈现出崭新的面貌，各种报刊杂志相继创办起来，丰富了保山文化艺术的内容与形式。尤其是2006年，保山市社科联成立，同时创办季刊《保山社会科学》，成为保山社科工作者沟通交流的有力平台，为繁荣保山的哲学社会科学发挥了重要作用。这一时期，保山境内的考古发掘开始发展起来，大量的考古发现揭开了保山远古时期历史的面纱，填补了保山考古史的空白。各县在这个时期都有规模不一的考古发现，成为保山历史的重要组成部分，为保山乃至全省、全国的史前文化研究提供了有力的佐证。此外，这一时期保山地区的民间文学、地方戏曲、民间歌舞、美术、摄影、文艺团队演出、文艺展评、文艺交流、档案史志（地方志编纂）、广播影像等都得到了快速发展。

参考文献：

［1］肖正伟：《保山通史概要》，云南大学出版社，2014 年 5 月。

［2］太丽琼：《保山古代移民与社会影响研究》，云南人民出版社，2016 年 4 月。

［3］云南省保山地区地方志编纂委员会编：《保山地区志（上、中、下三卷）》，中华书局出版社，1999 年 10 月。

［4］耿德铭：《保山文史纵横》，云南人民出版社，2013 年 1 月。

［5］耿德铭：《哀牢文化研究》，云南人民出版社，1995 年 12 月。

［6］保山市隆阳区史志委点校：《保山县志稿》，云南人民出版社，2003 年 3 月。

［7］肖正伟：《永昌文化史论》，香港天马图书有限公司，2001 年 5 月。

［8］肖正伟：《保山郡县史探》，香港天马图书有限公司，2000 年 7 月。

［9］唐定国：《保山史话》，云南人民出版社，2001 年。

［10］洪崇文：《民国时期云南边疆管理机构的重组》，《云南民族学院学报（哲学社会科学版）》，1993 年第 2 期。

三、史海钩沉

（一）邓子龙戍边

邓子龙（1531 ~ 1598，一说1528 ~ 1598），明代著名将领，字武桥，号大千，别号虎冠道人，江西丰城杜市镇邓家村人，嘉靖三十七年（1558年）中武举，后赴福建、广东沿海抗击倭寇达十

施甸恤忠祠

余年，历经大小战斗数百次，由小校升至把总。万历十一年（1583年），邓子龙任云南永昌卫参将，后以战功卓越升任副总兵，统领姚安营兼领腾冲营。在随后长达12年的时间里，邓子龙指挥明军先后在断山、湾甸、三尖山与缅王叛军进行了三次决战，给叛军以毁灭性打击。

1. 临危受命

万历九年（1581年），莽应里继任缅甸东吁王朝缅王后，不断发动叛乱侵扰云南边境地区。万历十一年，莽应里勾结陇川商人岳凤和耿马土舍罕虔联合叛乱，叛军先后攻陷腾越（今腾冲）、木邦（今属缅甸）、永昌府姚关（今属施甸县）、顺宁（今凤庆）、勐淋（今龙陵县镇安），叛军所到之处，烈火焚城，杀人盈野，边关告急，全滇震动。云南巡抚刘世曾和巡按董裕急报朝廷请求派兵增援，朝廷令武靖参将邓子龙为东线永昌参将，率兵进剿。万历十一年（1583年）五月十七日，邓子龙率明军精锐5000余人抵达永昌，六月初三开赴姚关前线。

2. 了解敌情

姚关位于今施甸县城南20公里处，旧称老姚关，属永昌府古关。此地南通缅甸，北入永昌府城（今保山城），东临顺宁（今凤庆），西抵腾越（今腾冲），系永昌东线罕虔和腾越西线岳凤两股敌兵进攻永昌之要冲。邓子龙到达姚关后，以清平洞为中军大营，安抚百姓，了解敌情，训练士兵，逐步适应当地水土、气候。经分析和研究，邓子龙认为，缅王叛军前期之所以攻城略地，所向披靡，一则依赖适应热带、亚热带湿热气候，熟悉丛林作战；二则依赖数千头大象组成的“象军”。大象体型巨大，大的重量达七、八吨，体型稍小的重量也在三、五吨。皮糙肉厚，弓箭、大刀、长矛无法对其造成实质性伤害，缅王叛军将驯养过的大象由驯象师驾驭，组成“象军”，每战必以“象军”为前锋发起进攻。面对声势吓人的“象军”，明军缺乏有效的应对手段，战阵被冲垮，士卒被撞死、踩死者无数，并造成巨大的恐慌。邓子龙认为，要打败叛军，首先要消灭其前锋“象军”，没有“象军”的叛军就如没有牙齿的老虎，在明军的打击下必败无疑。针对“象军”的特点，邓子龙决定采用挖陷阱、火攻，辅之以火箭和火炮对其进行打击，进而击败叛军主力。

3. 三战三捷

万历十一年（1583年）十月底，敌首罕虔、曩乌（岳凤之子），号称率领10万“象军”，沿古道经孟定和镇康的勐堆、锡窝、勐板、鸭塘等袭来，明军佯装弃粮而走，诱敌深入。冬月初三，敌军进入断山伏击圈，邓子龙一声号令，明军万箭齐发，滚木檑石铺天而下，火龙、火铳齐射，火炮齐鸣，叛军前锋“象军”发生混乱，有的大象跌入陷阱，有的在火龙、火箭和火炮攻击下陷入狂乱，暴怒的大象横冲直撞，甚至掉头朝叛军本阵疯狂冲击，叛军死伤无数，明军乘胜追击，与敌于箐河短兵厮杀，敌尸入河无数，敌首曩乌和奸细景宗真及其残敌见势不妙，大败而逃。

叛军不甘心失败，整顿兵马，仍以“象军”为前锋，再次大规模进犯，邓子龙亲自率军出击，击败叛军，铲除了奸细景宗真。此战历时3天，永昌东线初战告捷。随后，邓子龙率明军主力与叛军在湾甸、三尖山一带进行决战，获得大胜。湾甸之战生擒敌酋罕虔、招对捧、罕招托、景宗才、莽班内关等人，彻底捣毁了内奸景宗真在湾甸的势力；三尖山之战生擒敌酋招罕、招色、罕老、罕舍等人。邓子龙对叛军只罚首恶，其族属及被裹胁民众以教育为主，不究其责，将叛军普通士卒遣散回家与亲人团聚，稳定民心，恢复生产，维护地方秩序。

4. 边疆安定

邓子龙三战告捷，沉重打击了叛军，彻底扭转了滇西战局，随后携大胜之威，移师勐淋（今龙陵县镇安），威慑西线之敌。万历十二年（1584年）二月，西线战役全面胜利，邓子龙回师姚关镇守。

永昌、腾越东西两线战役全面胜利后，邓子龙继续平息余乱，安定地方。万历十四年（1586年）七月，右甸（今昌宁）等地土官作乱，邓子龙又率军彻底平息。邓子龙在保山戍边作战12年，为维护国家主权和领土完整，巩固边疆立下了不朽功勋。

万历十五年（1587年），为纪念靖边平叛胜利和为国捐躯的将士，在姚关镇建立了“恤忠祠”，由《恤忠祠记》碑、恤忠祠、烹象处碑亭、看山亭、磨剑亭、清平洞摩崖石刻组成。经历代维护和重修，恤忠祠建筑占地面积750平方米，总占地面积 26026.7 平方米，并被确定为云南省重点文物保护单位。

（二）杜文秀起义

杜文秀，字云焕，号百香，回族，清道光三年（1823 年）出生于永昌府治金鸡村（今保山市隆阳区金鸡乡金鸡村）一个回族商人家庭，道光十九年（1839 年）考中秀才，通晓伊斯兰经典。

1. 举起反清大旗

咸丰六年（1856 年），清军与大理回民发生冲突，杜文秀率领义勇军千人前往救援，将清军击退，占领了大理城，反清起义一举获得了成功。秀才出身、到京城见过世面的杜文秀被各路义军推举为“总统兵马大元帅”。他一上任，就下令废除清朝年号，用甲子纪年，改用明朝衣冠，旗帜一律用白色，以示与清军相区别。他又把大理都督府改为大元帅府，大理新政权宣告成立。杜文秀高举起反清大旗后，势如破竹，所向披靡，攻占了周围 53 座城池，一度控制了半个云南，并围攻省府昆明达两年之久，逼得云贵总督恒春在绝望中自尽。

2. 建立大理政权

大理政权建立后，杜文秀迅速消灭了洱海地区的反动地主武装，控制迤西、迤西以南的大部分州县。接着，大理政权采取了比较坚定的反清宗旨，并采纳了太平天国西王萧朝贵的参谋吕藩的建议，宣布“遥奉太平天国南京之号召”，使大理政权在形式上成为太平天国的组成部分，大理政权还根据云南长期存在的民族仇杀的情况，始终坚持把斗争的矛头对准清朝反动统治，提出了各民族共同抗清的政策——“安汉反清”“连回、汉为一体，竖立义旗，驱逐鞑虏，恢复中华，剪除贪污，出民水火”等斗争口号，这些口号代表了当时各民族人民反抗清朝统治的愿望，因而使大理政权得到各族人民的拥护，政权日益巩固。

大理政权相继采取了一些符合各民族人民利益的政策措施，注重兴修水利、恢复和发展农业生产，严禁军队破坏生产和庄稼，采取了减免赋税轻纳粮的政策，重视手工业的发展，鼓励商人经商，整修道路桥梁，重用各民族知识分子，主张团结各民族人民共同反抗清朝统治。

3. 结局和影响

同治九年（1870 年）清军对起义军发起全面进攻，义军溃败，20 万大军几乎全部遇难，余部退回大理。同治十一年（1872 年）十一月，清军兵临大理城下，云南巡抚岑毓英调集部分装备洋枪、洋炮的清军为先锋，以大量装备冷兵器的清军为后盾兵围大理。在全城人民面临灭顶之灾的情况下，杜文秀与清军达成协议，以个人自尽为代价换取大理全城百姓的生命安全，随即服毒身亡。但岑毓英背弃诺言，仍然将大理城血洗一空，无辜人民惨遭杀害。杜文秀死后，大理起义军首领大司空李国纶仍在腾越坚持反清斗争，后被清军包围，突围后到乌索，不幸被叛徒出卖，于同治十三年（1874 年）身亡。至此，杜文秀起义最终失败。

杜文秀起义持续时间长达 18 年之久，极大地削弱了清王朝的统治。

（三）抗战运输生命线——滇缅公路

滇缅公路是指抗日战争时期中国云南到缅甸的公路。滇缅公路国内段东起昆明，西至畹町，全长 959.4 公里。滇缅公路出境后与缅甸腊戌的铁路连接，直接贯通缅甸仰光。

1. 筑路动议

1937 年，中国全民抗日战争爆发，得到了苏联、美国以及海外华人华侨等进步力量的同情和支持，云南成为抗战大后方。国际援华物资通过滇越铁路源源不断运到昆明再转运抗日战场，国际运输线的畅通，从物质上支援了中国抗战，从精神上鼓舞了中国政府和抗日军民的抗战意志。当时的云南省主席龙云积极向国民政府和蒋介石建议，国际交通线应及早考虑，迅速着手修筑滇缅公路和滇缅铁路，并表示云南愿做出积极努力。随着形势的日益严峻，蒋介石下令国民政府拨款

民众修筑滇缅路

200 万元，不足部分由云南省负责筹集，限一年内修通滇缅公路，开辟新的国际运输通道。1937 年下半年，交通部与云南省主席龙云商定，修筑从昆明至缅甸腊戍的公路，再经八莫到达仰光，海运到仰光的国际援华物资可以经过这条公路运抵昆明。当时从昆明到下关的东段 434.8 公里的公路已于民国 24 年（1935 年）修成土路通车。这段公路于 1924 年 6 月开工，1935 年 12 月通车，工期长达 11 年半，平均每年修筑 36 公里。西段从下关经保山、龙陵、芒市、畹町的新修路线长 524.6 公里，地质情况相当复杂，并经过多处低热河谷（俗称蛮瘴之地），疟疾等传染病流行，工程极为艰巨。只用一年时间修通西段公路，国人难以相信，英、美、法专家直摇头，交通部官员也缺乏信心。

2. 迎难而上

随着抗战形势的急剧变化，修筑滇缅公路已经刻不容缓。滇缅公路西段于 1937 年 12 月开工。为了加快施工进度，实行分段施工，除较大的桥梁、涵洞由政府指派专门的工程队施工外，其余由沿线凤仪（今属大理）、大理、蒙化（今巍山县）、漾濞、永平、云龙、顺宁（今凤庆县）、昌宁、保山、龙陵、腾冲12个县和潞西、梁河、陇川、莲山、瑞丽五个设治局分段包干完成土石方和路基工程，各县、设治局每天上路的民工都在5000人以上，仅保山县每天上路民工就多达28000人，全线征调民工最少时有15万人，最多时达到30万人。各族民工在抗战热情的感召下，自带口粮和工具，义无反顾地汇集到筑路工地，在恶劣的自然环境里，在没有任何安全和医疗保障的条件下，用锄头、手锤、钻子、撬棍、十字镐、石碾、石滚等原始工具开山筑路。

为了加快修筑速度，云南省政府给沿线各县县长下发限期完成筑路任务的紧急公文：一封鸡毛信和一个木盒子。信封上的两根鸡毛表明情况十万火急，木盒子装着一副手铐，如不能按期完成筑路任务，则自戴手铐到省政府接受军法处置。

当时保山县承担146.4公里的任务，于1938年1月开工，8月底竣工，累计出动筑路民工300万个工日。期间男性民工死亡523人，女性民工死亡28人，还有3000余人染病回家。为修筑滇缅公路，保山地区所辖的保山、腾冲、龙陵、昌宁四县就征集筑路民工8万多人，占当时保山地区总人口的11%。许多民工苦于没有充饥的口粮，只好将唯一的土地和一点点财产典当给财主以换取口粮；有的借高利贷，甚至在卖身契上画押以换得一些口粮和盘缠；有的少数民族以野菜和杂粮充饥；有的民工甚至靠乞讨度日。仅在云龙县一带参加修筑滇缅公路的民工就死亡610人，参加修筑梅子箐石桥的200名腾越石工有103人死亡，还有32人伤残。修筑滇缅公路西段先后死于爆破、坠江、坠岩、塌方和各种疾病的民工共计4060人，因筑路伤残的民工有12000人，还有一些民工染病回家后死亡而无法统计。这些民工直到抗胜利后也没有领到分文补助。许多民工因伤残或无力偿还高利贷而家破人亡。由于国民党政府及其官僚的贪污腐败，本来就少得可怜的经费被层层盘剥、克扣，民工只领到很少的报酬。

3. 顺利通车

滇缅公路西段在短短9个月内修筑完工，投入资金300万元，完成土方1100多万方、石方100多万方，修筑大桥4座、中桥2座，小桥236座（其中木便桥67座）、涵洞1789道（其中木便涵 346 道），跨越云岭、怒山、高黎贡山三个山系和漾濞江、澜沧江、怒江三条大江。

如此浩大的工程，极端赤贫的民众，使用最原始的工具，在短短 9 个月就完成，堪称世界奇迹。美国总统罗斯福在获悉滇缅公路通车的消息后十分惊喜，并电令当时的驻华大使詹森沿滇缅路视察取道回国。詹森回国后在给总统的报告和在记者招待会上盛赞："滇缅公路工程之艰巨与浩大"，"可同修筑巴拿马运河相媲美"，"中国政府能在如此短的时间内完成如此艰巨的工程，全赖沿途人民的艰苦耐劳精神，此种精神是全世界任何民族所不及"。英国《泰晤士报》连续三天发表文章和照片，报道滇缅公路修筑的情况，并说："只有中国人民才能在这样短的时间内做得到。"

4. 南侨机工回国服务

滇缅公路开通后，大批抗战物资亟待抢运回国，而极端贫弱的中国不能制造汽车，也缺少会开车的司机和会修车的技术工人。1937 年，南洋华侨领袖陈嘉庚应国民政府的请求，先后组织和招募 3300 多名南洋华侨司机和修理工（统称南洋华侨机工）分 9 批回国投身抗日战争。这些机工回国后，主要编入西南运输处各运输大队，日夜奔驰在缅甸仰光至中国昆明2000多公里长的滇缅公路上，承担各种军用物资的抢运任务，后来一部分机工成为中国远征军汽车兵。

当年回到祖国服务的3300多名机工，有1000多名为抗日战争的胜利献出了生命，抗战胜利后有1000多名机工回到南洋原来所在的国家，还有1000多名留在国内。南洋华侨机工作为爱国华侨的一面光辉旗帜将永载史册。

5. 重要贡献

1938年12月滇缅公路通车后，首批苏联援华的6000吨军火从仰光启运，一个星期后运抵昆明。日军飞机对这条运输线及桥梁进行了数百架次的轰炸，但在护路人员和沿线民工的竭力维护和抢修下，始终保持畅通，被誉为“炸不断的滇缅路”。1940年9月，日军占领越南，切断了滇越铁路，滇缅公路成为唯一的国际运输通道，运输更加繁忙，月运量高达5000多吨，最高峰时期达到10000吨。

1945年1月，滇西大反攻取得全胜，日本侵略者被彻底赶出滇西国门，中印公路（滇缅公路北线，又称史迪威公路）开通，从保山市隆阳区联接进入滇缅公路，由印度洋口岸输入的国际援华物资，源源不断通过滇缅公路运抵抗日战场。这条血管般曲折盘旋于崇山峻岭的运输线，使偏居重庆的国民政府不至与世隔绝成为孤岛，也从一定程度上遏制了消极、妥协和投降气焰，鼓舞了中国军民的抗战斗志。

整个抗日战争期间，先后经滇缅公路输入的武器弹药和各类物资达45万吨，汽车10000多辆，运出大锡、皮革、生丝、桐油、矿石等出口物资。最高月运量达到18000吨，最高日运量600吨，滇缅公路成为抗日战争时期最繁忙的公路。当时国民政府西南运输处16个运输大队的4000多辆汽车、国民革命军27个汽车运输团中的14个全部投入滇缅公路运输，加上民用车辆，每昼夜通行的车辆多达3000 ~ 5000辆，怒江前线危急时，每昼夜通行车辆达到10000辆，其繁忙程度可想而知。

滇缅公路成为中国获得国际援华物资和夺取滇西大反攻胜利的大动脉，可谓一条血肉修筑的输血之路，也是一条铺满白骨的生死之路，为抗日战争的胜利做出了巨大贡献，同时大大促进了云南的经济发展，加速了社会进步。

（四）滇西抗战

1942 年，中国人民抗日战争进入最艰苦的岁月。日军占领缅甸和我国怒江以西 3 万多平方公里的国土，切断了中国唯一的国际援华物资运输通道——滇缅公路，滇西由后方变为前线。

1. 保山五・四被炸

自 1941 年 11 月起，日军飞机多次轰炸保山城，造成数百人伤亡和巨大的财产损失。1942 年 5 月 4 日 12 点 10 分，日军 27 架轰炸机飞临保山城狂轰滥炸，时隔 30 分钟后，第二波日机 27 架再次飞临保山城，投完炸弹后又低空扫射。当时的保山城难民、伤兵及增援部队云集，人数多达 60000 余人。全城在轰炸中死亡 8800 余人，房屋大部分毁坏。省立保山中学学生当时正在举行集会，纪念“五・四”青年节，当场被炸死炸伤 400 余人。据事后保山县政府调查统计，5 月 4 日大轰炸中伤者因四处逃散，无法得知数量，死者中有主收尸埋葬 2800 多人，无主收尸的由县政府动员城附近八镇民工掩埋 6000 多人。日军在轰炸的同时还投下了细菌弹，加之缺医少药，保山城乡鼠疫、霍乱、伤寒、回归热等 12 种传染病流行，随后陆续死亡 60000 余人，占当时保山县人口总数的 15%。

据不完全统计，1941 年至 1944 年间，日军飞机先后 36 批共 200 架次轰炸保山城，投下炸弹 1000 余枚。

2. 怒江防线建立

1942 年 4 月，中国远征军第一次入缅作战失败，日军尾随追击溃败的中国远征军一路北上，5 月 4 日占领芒市、龙陵，10 日占领腾冲。5 月 5 日，日军 56 师团快速纵队千余人伪装成难民和远征军

中国远征军沿滇缅公路入缅甸作战

溃兵，沿滇缅公路直窜惠通桥，意外被守桥部队发现，独立工兵24营当即炸断惠通桥，守桥的滇军“熄锋”部队一个连、中央宪兵数十人、独立工兵营部分官兵以劣势兵力与日军展开激战，直至远征军71军36师106团、108团主力先后赶到，将突进到怒江东岸的500余日军围困在孩婆山，经过6天的激战，日军仅剩60余残兵逃回怒江西岸。惠通桥阻击战的胜利，粉碎了日军继续东进的企图。随后，远征军71军主力在北起栗柴坝、南至打黑渡建立起长达250公里的怒江防线。

3. 敌后游击战

中国远征军先后派出预备2师、36师深入怒江以西开展游击作战。预备2师以腾冲北部为根据地，在以张问德为县长的腾冲抗日县政府支持下，与日军交战数十次，毙伤日军近千人。1943年5月，预备2师撤回永平整训，36师接防后，与日军周旋3个多月，作战十余次，毙伤日军600余人，粉碎了日军对腾北根据地的扫荡。随后，国民政府迫于英缅当局的压力，撤走了活跃在中缅边境的游击队，致使腾北游击区失去了西部屏障。日军从缅甸密支那调集一个大队，从龙陵调集部分兵力，协同腾冲日军对腾北根据地实施合围，36 师与日军激战月余，因伤亡惨重，仅余的 1000 多官兵在高黎贡山深处的少数民族帮助下，突围渡过怒江返回大理整补，腾冲抗日县政府也撤至永平。至此，腾北抗日根据地全部失陷。

4. 滇西大反攻

1944 年 5 月 11 日，经过两年时间整训和重组的中国远征军第 11、20 两个集团军强渡怒江，揭开了滇西大反攻的序幕，北翼 20 集团军负责腾冲方向的攻击任务，南翼 11 集团军负责松山、龙陵方向的攻击任务。

（1）攻克松山。日军为扼制滇缅公路，长期

滇西大反攻时的保山机场

固守松山，第56工兵联队在113联队（又称拉孟守备队）的配合下，强征近万民夫，用近两年的时间，修筑起极为坚固的立体防御工事，并储备了数量庞大的给养。日军称之为“东方马其诺”防线，认为至少可以坚守8个月，并疯狂叫嚣：支那军不死10万人休想夺取松山。

从1944年6月4日起，远征军第71军新编28师发起攻击，至6月24日攻克大部外围阵地，因伤亡惨重，由第8军接替71军继续攻击松山，先后投入兵力5万余人，到9月7日全歼松山日军3000人，历时3个月零3天，远征军伤亡6725人。

（2）收复龙陵。1944年6月，远征军第11

远征军强渡江反攻高黎贡山

集团军渡江后，第2军和71军各一部组成突击队，绕过松山侧翼直插龙陵，6月6日兵分三路向驻守龙陵县城区域日军发起强大攻势，经过两天激战，扫清城区外围据点。至6月10日，龙陵城区外围据点全部被我军占领，残敌退入城区核心工事固守。6月13日，驻腾冲日军约2000人、驻芒市日军1000余人以及来自象滚塘方向的500余日军分三路向龙陵增援，71军主力被腾冲来援的日军截成两半，损失惨重，87师为避免陷入日军南北夹击的危险境地，被迫撤往黄草坝一带转入防御，首次进攻功亏一篑。7月13日，松山、腾冲守敌被围，远征军在站稳城郊阵地基础上，组织优势兵力展开第二次攻击。日军为打通龙陵至芒市公路，增援龙陵，对远征军南天门防线进行猛烈攻击，远征军守军与日军血战数日，新37师117团3营全部殉国；新39师生还官兵不过百余人，日军打通龙芒公路后，迅速往龙陵增援3000余人，对我军各据点疯狂反击，第二次攻击龙陵再告失败。9月中旬，中国远征军先后攻克松山、腾冲，随后南北两翼主力沿滇缅公路和腾龙公路增援龙陵，经过激战，远征军再次夺取了龙陵县城四周高地，并切断芒市至龙陵公路。10月29日，远征军集中10个师的强大兵力向龙陵城区发起总攻，经过5天的激烈战斗，于11月3日将守敌大部歼灭，光复了龙陵。龙陵战役历时156天，毙伤日军10364人，远征军伤亡、失踪28000余人。

（3）收复腾冲。1944年5月11日，20集团，53、54军成功渡过怒江，分别沿北斋公房、南斋公房和大蒿萍三路仰攻高黎贡山天险。

高黎贡山位于怒江西岸，整个山系呈南北走向，绵延数百公里，平均海拔3500米，主峰海拔3773米，最低海拔630米，山势陡峭险峻，立体气候复杂多变。远征军克服重重困难，与日军反复搏杀，到6月13日，198师占领北斋公房制高点并居高临下扫荡残敌，攻击南斋公房和大蒿萍的部队也陆续取得胜利。日军虽几次纠集残兵实施反扑，均被击溃。从高黎贡山山顶往东居高临下，日军丧失了地利优势。

远征军三路并进，逐步扫清腾冲城外围日军据点，与死守腾冲城的日军展开了一个多月的激烈巷战，于9月14日全歼守敌3395人，创造了抗日战争中首个全歼日军的光辉战例。收复腾冲战役历时127天，远征军伤亡官兵18000余人，其中阵亡约9000人，腾冲民众随军作战及参与后勤服务伤亡6000余人。

5. 胜利会师

远征军先后攻克松山、收复龙陵、腾冲，日军滇西防御体系土崩瓦解，远征军主力沿滇缅公路向芒市、畹町一线攻击前进，在南天门、黑山门一带击溃日军阻击，于1945年1月27日将残敌赶出国门，28日在缅甸芒友与中国驻印军胜利会师。

6. 人民的贡献

滇西人民为抗日战争胜利做出了巨大的牺牲和贡献。从1937年起，滇西人民为修筑滇缅公路、中印公路、飞机场，先后出动民夫两千多万个工日，出动骡马、驮牛近百万匹（头），为远征军提供军粮上亿斤，提供肉类、柴草、马料、棺木价值数亿国币。滇西大反攻期间，为保障远征军的后勤补给，保山地区竭尽所能，动员和组织了数十万计的民工为远征军运送粮弹，抬运伤员，安葬阵亡官兵，最高峰时期为前线服务的民工多达 30 万人，占当时总人口的 30%。

1945 年 1 月，滇西大反攻取得全胜，日本侵略者被彻底赶出国门，粉碎了日军南北夹击国民政府的企图，中印公路（又称史迪威公路）重新开通，由印度洋口岸输入的国际援华物资，源源不断运抵抗日战场，鼓舞了中国军民的抗战斗志，为中国人民抗日战争的最后胜利奠定了物质基础。滇西大反攻的胜利，支援了缅北战场，也使沉寂的中国战场和苦难的中国人民看到了胜利的曙光。

（五）民主革命先驱李根源

李根源

李根源，字印泉，又字养溪、雪生，号曲石，别署高黎贡山人，1879 年 6 月 6 日出生于今腾越厅九保乡（今梁河县九保乡）。早年留学日本，加入同盟会，回国后先后担任云南陆军讲武堂教官、会办总办，云南都督府军务部总长兼参议院院长，陕西省长、民国政府农商总长兼署国务总理等职。新中国成立后，历任西南军政委员会委员、西南行政委员会委员、全国政协委员等职。

光绪二十四年（1898 年），18 岁的李根源考中秀才。光绪二十九年（1903 年）考入昆明高等学堂，次年东渡日本留学，先后毕业于东京振武学堂、日本陆军士官学校。光绪三十一年（1905 年）在日本加入中国同盟会，次年春任云南留日学生同乡会会长，《云南杂志》社经理。宣统元年（1909 年）回国，任云南讲武堂监督兼步兵科教官，后升任会办、总办。在担任教官和总办期间，李根源积极在学员和教官中传播民主革命思想。

1. 参与领导“重九起义”

1911 年 10 月 10 日武昌起义爆发，全国震动。接着，湖南、陕西、江西等省相继响应，迅速形成了全国起义高潮。时任云南督练处副参议官的李根源闻讯，与李鸿祥、唐继尧等协商，决定推举蔡锷领导起义，时间定在 10 月 30 日（农历九月初九，史称“重九起义”）深夜。经一夜激战，至第二天中午，昆明全城光复，云南都督府成立，蔡锷被推举为都督，李根源任军务部总长兼参议院院长，协助都督实行一系列具有民主主义色彩的改革，地方政务方面，撤换贪官污吏，任用同盟会会员和同情革命人士为各部门负责人，发展教育和工商业，重视交通、通讯建设，制定新的财政制度；军事上提拔大批进步的青年军官，整编军队，这些措施对迅速安定地方秩序，发展经济，改善民生，取得了较好的效果，使云南成为民国初年比较安定的省份之一。随后李根源继任云南陆军第二师师长兼国民军总统，后参加“二次革命”，反袁世凯称帝活动和“护法”斗争等革命运动。以后历任北洋政府众议院议员、北洋政府航空督办、农商总长，陕西省省长、一度兼署国务总理。1923 年，因反对曹锟贿选总统，李根源退出政坛，隐居江苏吴中。1932 年松沪抗战后，与张仲仁等抚伤救民，收敛大批阵亡将士遗骸，葬于五峰山与马岗山。1936 年，为营救“七君子”而奔走。抗日战争爆发后，积极投入抗日救亡运动，与张仲仁等倡议组织老子军。

2. 爱才识才保护朱德

1909 年春天，朱德和好友秦昆离开四川仪陇老家，步行 70 天赶到昆明报考陆军讲武堂。经过测试，两人的成绩都达到录取要求。当时云南讲武堂规定暂不招录外省籍考生。秦昆临时冒用云南籍，被顺利录取。朱德如实填写籍贯，结果被拒之门外。朱德无奈只好先去滇军部队当兵，接受士兵训练。随后讲武堂补行招生，朱德吸取教训，报名时将籍贯改为云南临安府蒙自县人，姓名朱玉阶。因为成绩优异，又是云南籍，自然被录取了。但入学后朱德浓重的四川口音带来了麻烦，冒充云南籍考生报名的事被发觉，按制度应当开除。对于是否劝退这样一名品学兼优的学员，学校内部有不同意见。主持校务（时任会办）的李根源力排众议，说："籍贯错了改过来就可以，不要为这样一个问题把一个不远千里跋涉来投考讲武堂的有志青年拒于校门之外。"李根源的意见得到大部分领导层的认可，朱德名正言顺地继续学习。李根源经常给学生灌输民主革命思想，又严抓军事训练。并对朱德这个有个性的四川籍学员关照有加。李根源的不拘一格和慧眼识才，为朱德元帅长达半个多世纪的辉煌军事生涯奠定了坚实的基础。

3. 妥善解决滇西事变

昆明"重九起义"成功后，领导腾越起义的

张文光按照原定部署，率起义军兵分三路向大理进发，当起义军到达大理时，大理的军队已经反正，双方为争夺主导权激战三天，伤亡惨重，酿成亲痛仇快的滇西事变。云南都督府为妥善解决滇西事变，保证云南全省的光复和稳定，任命李根源为陆军第二师师长兼迤西国民军总司令，率兵西进，全权处理事变。12 月 17 日，李根源率部抵达大理，立即着手恢复地方秩序，同时向滇西军政府提出裁兵、停止捐派、惩办少数肇事将领等九条建议，得到张文光的支持。李根源率部到达腾冲后，果断抓捕、枪决发动叛乱的军官和乱兵、恶棍，局势逐渐稳定下来。

4. 发表《告滇西父老书》

1942 年 5 月，日寇侵入滇西，怒江以西的大片国土沦陷。李根源担任云贵监察史，不顾年老体弱，奔走呼号，力主依托怒江天险设立防线，并主动请缨，奔赴前线，协助滇西抗战。李根源到达保山后，以独特的人格魅力，组织对保山城区的清理，安置灾民，开展防疫工作，在金鸡村召开军民大会，会后发表《告滇西父老书》，号召滇西民众团结起来，协助军队共同抗战，给重组的中国远征军和滇西民众极大的鼓舞。

5. 组织编纂《永昌府文征》

随着怒江防线的逐步稳定，滇西抗战形势日趋好转。秀才出身的李根源对家乡历史文化相当的痴迷，尽管当时战火纷飞，物质条件和学术研究环境相当艰苦，但李根源仍然凭借其深厚的学识、极高的威望和影响力，邀请周钟岳、秦光玉、方国瑜等一批著名学者，历时两年完成了《永昌府文征》的编纂工作。600余万字的《永昌府文征》篇幅浩繁，内容丰富，包括序跋、诗录、文录、记载、列传等136卷，收录汇集了自先秦至民国，在全国范围内与保山有关以及保山本地各方人士1230多人创作的诗词11563首、文章1102篇、记载253篇、列传66篇，广猎历史、地理、人物、风物及工、农、学、商、医等各方面著述。《永昌府文征》当之无愧地成为研究保山甚至是云南地方历史文化的瑰宝。

6. 家乡义葬抗日英烈

滇西抗战胜利后，李根源辞去了云贵监察使之职，回到家乡云南腾冲，不辞辛劳组织动员社会各界捐款、出力修建腾冲国殇墓园，经过半年多的努力，位于小团山的国殇墓园完工。在收复腾冲作战中牺牲的官兵骨灰依次埋葬在山坡上，整齐的石碑上刻着牺牲官兵的姓名、军衔和职务。园中建了忠烈祠、纪念塔、纪念碑。国民党要人蒋介石、于右任、何应钦、卫立煌及二十集团军将领都题了词。今天，腾冲国殇墓园已经成为国家级爱国主义教育基地。

1965 年 7 月 6 日，李根源病逝于北京，享年 86 岁。

（六）马克思主义主哲学家艾思奇

艾思奇，原名李生萱，1910 年 3 月 2 日出生在今腾冲市和顺镇水碓村李家大院，两岁后移居昆明，历任中共中央高级党校哲学教研室主任、副校长、中国哲学会副会长、中国科学院哲学社会科学部学部委员。

艾思奇

1. 青少年时期

1923 年，因父亲受云南都督唐继尧排挤，全家被迫迁往香港，艾思奇考入教会办的岭南分校就读。由于香港生活昂贵，1925年，艾思奇回到昆明，考入云南省立第一中学插班读二年级。艾思奇积极参加学生运动，并成为学生会文艺部负责人，担任《滇潮》编委，撰写反帝反封建文稿，担任义务夜校训导主任兼教员，利用课余时间为工人和穷苦人家失学子弟上课。这期间，艾思奇接触到马克思主义，并与聂耳成为好友。1926年，北京发生“三·一八”惨案，昆明学生组织大规模游行示威进行声援，艾思奇作为学生运动的积极参与者和组织者，为逃避追捕，取道越南前往苏州，在父亲的帮助下，考入南京东南大学高中部继续学习。不久，艾思奇受到大哥（李生庄，共产党员）参与领导的学生运动牵连，被捕入狱，后来在李根源先生营救下出狱，回到苏州父亲身边。

2. 东渡日本求学

1927年春天，艾思奇东渡日本，学习日语，自修德语，参加东京中共支部组织的“社会主义学习小组”。这期间他阅读了《反杜林论》《费尔巴哈论》等日译本。1928年春，因劳累过度患了胃病，中断学习回昆明养病。1930年，受

“实业救国”思想的影响，艾思奇再次东渡日本，进入福岗高等工业学校冶金专业学习，在刻苦学习自然科学知识的同时，更加潜心攻读马克思主义经典著作。1931 年“九·一八”事变后，艾思奇和许多留日学生为了抗议日军的侵略，愤然弃学回国。

3. 宣传哲学思想

1932 年，艾思奇到上海泉漳中学任理化教员，参加党的外围组织“上海反帝大同盟”，积极从事革命宣传活动。他在《中华日报》上发表哲学短文，介绍马克思主义哲学。1933 年 6 月，他第一次以艾思奇的笔名在《正路》杂志创刊号上发表了长篇哲学论文《抽象作用与辩证法》，阐明了马克思在《资本论》中运用辩证思维方法的科学性。不久，他又发表了《二十二年来之中国哲学思潮》一文，系统地研究了辛亥革命以来的哲学斗争，剖析了几种影响较大的唯心主义派别。此外，他还发表文章对当时中国反动哲学界的主要代表人物张东荪、叶青等进行了批判。这种论战持续几年，普及了辩证唯物主义哲学知识，从而加速了马克思主义哲学在中国的进一步传播。

1934年6月，经“社联”安排，艾思奇进入《申报》流通图书馆读者指导部工作。他在《读书生活》上撰写了24篇“哲学讲话”（1934年11月至1935年10月），每篇都以通俗的语言和浅近的事例来阐述辩证唯物主义理论。至1936年1月结集成书出版，初名为《哲学讲话》，1936年6月第四版时改为《大众哲学》。此书出版后，深受广大读者欢迎，无数青年学生因此投身革命，数以千计的青年学生怀揣《大众哲学》，冲破重重阻挠，奔赴革命圣地延安，它和聂耳的《义勇军进行曲》对一代青年的人生观和价值观产生了深远的影响，改变了他们的思想和生活。1935年10月，艾思奇加入了中国共产党，1936年发起并组织了秘密的新哲学研究会，先后出版了《新哲学论集》《思想方法论》《如何研究哲学》《哲学与生活》等著作，并有一批科学小品问世。

4. 奔赴延安

1937年9月，艾思奇来到延安。先后在抗大、陕北公学任教。1938年底，到延安马列学院任教，并兼任哲学研究室主任，陆续翻译了马克思、恩格斯关于《历史唯物主义的八封信》，并为《解放日报》《解放周刊》撰写了许多文章。1939 年，艾思奇参加了毛泽东组织的哲学小组，担任中宣部哲学小组的指导员。1940 年，综合性的理论刊物《中国文化》在延安创办，艾思奇担任主编。1941 年，艾思奇发表了《抗战以来几种重要哲学思想的评述》等文章，批评了陈立夫的“唯生论”、蒋介石的“力行哲学”以及阎锡山的“中的”哲学。1942 年，艾思奇主编了《马克思、恩格斯、列宁、斯大林思想方法论》一书，被列为整风运动的必读文件之一。1943 年，艾思奇担任了《解放日报》副刊部主任。他针对蒋介石抛出的《中国之命运》一书，发表了《“中国之命运”——极端唯心论的愚民哲学》，批驳了书中的反动政治观点和哲学思想，引起了极大的反响。1946 年 5 月，大众书店出版了艾思奇的《论中国的特殊性及其他》一书，收录了他在上海和延安工作时写的 40 篇文稿，这些稿子紧密联系抗战实际，有独特的历史价值。6 月，解放日报社和新华社进行改组，艾思奇担任两个社的副总编辑，并负责延安新华广播电台稿件的审阅签发。

5. 学术成就

中华人民共和国成立以后，艾思奇致力于哲学研究，先后出版和发表了《历史唯物论——社会发展史讲义》《评关于社会发展史问题的若干非历史观点》《反对唯心论》《学习马克思主义国家学说》《学习——思想领域的解放斗争》《胡适实用主义批判》等文章，在中央人民广播电台举办《历史性唯物论——社会发展史》讲座，同时深入基层开展社会调查和宣传，培养教学骨干，普及推广哲学知识。艾思奇对毛泽东思想的研究和阐述也不断地系统化，他发表了《毛泽东同志发展了真理论》《从〈矛盾论〉看辩证法的理解与应用》《读〈关于纠正党内的错误思想〉》等一系列文章。1958 年，艾思奇来到河南登封，担任中共开封地委副书记和登封县委第二书记。1959 年，他在《红旗》杂志上发表《无限和有限的辩证法》。年底，被任命为中央高级党校副校长，仍兼哲学研究室主任、理论部主任。艾思奇统筹主编了我国第一部比较完整系统的自然辩证法著作《自然辩证法提纲》，1961 年主编《辩证唯物主义历史唯物主义》一书。

6. 重要贡献

1966年3月22日，艾思奇突发心脏病逝世，享年56岁。艾思奇是中国著名的马克思主义哲学家、教育家和革命家。所著《大众哲学》对马克思主义哲学的普及宣传做出了重要贡献，主编的《辩证唯物主义历史唯物主义》是新中国成立后第一本由我国学者自己编写的马克思主义哲学教科书。

艾思奇一生刻苦学习，勤奋写作，立场坚定，忠于党，忠于祖国和人民，为在中国传播和发展马克思主义哲学理论，做出了重大贡献。被誉为“人民的哲学家”“马克思主义大众化第一人”。为马克思主义中国化、时代化、大众化做出了卓越贡献，毛泽东称之为“党的理论战线上的忠诚战士”。

7. 魂归故乡

1980年，艾思奇夫人王丹一女士回到腾冲，将故居捐赠给腾冲县人民政府，用于建立“艾思奇纪念馆”。2010年清明前夕，在艾思奇诞辰一百周年之际，艾思奇同志骨灰从北京迁葬老家腾冲市和顺镇水碓村。2016年7月19日，97岁高龄的老红军王丹一去世，家人遵照生前嘱托，于9月3日归葬家乡与夫在九泉之下团聚。

近年来，为纪念马克思主义哲学家艾思奇，推进马克思主义中国化、时代化、大众化，中共中央宣传部、中央党校、中国社会科学院，中共云南省委宣传部、中共云南省委党校多次在北京、昆明、保山市和腾冲市召开“艾思奇与马克思主义大众化研讨会”；在保山学院成立了“艾思奇与马克思主义大众化研究会”；腾冲市组建“艾思奇百姓宣讲团”，用通俗易懂的语言，深入干部群众之中宣传党的路线方针政策和马克思主义哲学基本原理，产生积极影响。

（七）爱国侨领梁金山

梁金山

梁金山，原名梁钢，1882年3月15日出生于云南省保山市隆阳区蒲缥镇方家寨村。青年时期因生活所迫进入英属缅甸银厂谋生，从矿工做起，后升为工长、熔炼厂总办，同时经营进出口贸易，1901年加入同盟会。

新中国成立后，历任全国侨联委员会、云南

省侨联主席等职，曾当选第一、二、三届全国人大代表。

2009年，梁金山被评为云南省“60位为解放云南做出突出贡献人物”之一。

1. 远走夷方

当年保山一代流行一句俗话：“穷走夷方急走厂”。夷方主要指英国殖民地缅甸以及东南亚国家,甚至还包括与缅甸接壤的少数民族地区,“走夷方”主要是去这些地方跑马帮、做买卖。“厂”主要是指缅甸的玉石厂和银厂，“走厂”就是到缅甸玉石厂和银厂打工。“夷方”一般气候炎热，瘴气流行，“走夷方”的人到了这里很容易水土不服，染上疟疾，死亡率很高，所以，不是无可奈何，一般人们都不愿出去闯荡。

在贫寒家境中成长的梁金山，倍感生活的艰辛，18岁时因生活所迫远走夷方。他跟随马帮到达缅甸，先在腊成筑路工地做苦工，又到南渡码头做搬运工，后进入波顿老银厂当矿工。

2. 华侨领袖

梁金山只读过几年私塾，但善于学习，观察力敏锐，且乐于助人，深得工友们的信任。一次他患病回家，心里却惦记着矿山和矿工，抱病察看矿山时，发现2号矿井沙粒下漏、出现裂纹，凭着多年的经验，他预感到矿井可能坍塌，这将危及数千名矿工的生命，他迅速将情况上报英方总办，要求立即停止采矿作业，将矿工撤出。英方总办认为梁金山危言耸听，是想罢工。梁金山据理力争，最后用英式幽默说服了英方总办，工人撤出两天后，矿井坍塌，3000余名矿工幸免于难。梁金山以自己的经验、睿智和责任心，挽救了数千工人的性命，也避免了矿山的重大损失。梁金山因此受到英国女王召见，称赞他“毅力感天，智慧通神，预见成真。”奖赏他左轮手枪一对，猎枪一支，大银刀一把。

他注重观察和感悟英国人的生活习惯、工作规则和为人处事方式，与他们融洽相处，沟通和化解英国管理者与工人之间的矛盾和误会，受到英方管理层的赞赏。几年后，由工人升为工长。1903年，已经拥有一定财力并掌握银矿冶炼技术的梁金山，在腊戍南渡与英国人合资开办银厂，并成为股东之一，后来在公司重组中受聘担任熔炼厂总办之职，在建设银矿的同时开始组建了自己的商帮，经营进出口贸易。两年后银厂建成投产，月产白银30多万两，到1916年达到月产1700多万两，梁金山成为缅甸华侨中的巨富。他性格豪爽，关心华工，利用熟悉英国人习惯、办事规则等优势，积极为华人华侨争取合法权益，为社会各阶层人士称誉，在华人华侨中具有了相当的影响力，成为缅甸有声望的华侨领袖。

1901年，梁金山在仰光与同盟会领导人黄兴相遇，毅然加入同盟会，投身推翻清朝的革命运动，随后担任同盟会缅甸支部负责人、缅甸华侨总会会长，负责在缅甸华侨中筹措经费，资助革命，

抗战时期的惠通桥

梁金山时刻关注家乡的情况，得知为修通连接怒江东西两岸的桥梁，龙陵县前后三任县长历经五年努力，但限于资金困难，仍然无法完成。梁金山当即决定认捐建桥费用的一半，不足部分动员缅甸华侨捐赠。为筹集修桥经费，梁金山出售自己的两个商号和一个公司，筹集10万卢比（相当于20万银圆），聘请美国工程师柏兰德设计大桥，由印度工程师赖月负责施工。赶修腊戍至南坎的公路，将建桥器材用火车由仰光运到腊戍，用汽车运至南坎，再组织骡马克服千难万险驮运到怒江边的建桥工地。1935年1月14日，跨越怒江，全长123米，宽5.67米的钢缆吊桥建成，地方士绅和百姓都建议取名为“金山桥”，梁金山认为，修桥的目的是便利交通，使中缅两国人民得实惠，应叫“惠通桥”。滇缅公路通车后，惠通桥成为中国抗战生命线——滇缅公路上的重要桥梁。1942年，为阻止日军进犯，惠通桥被炸断。听到这个消息，梁金山老泪纵横，但他深明大义，说：“现在不得已炸断了，我相信，抗战胜利，惠通桥是要修复的。”1944年，随着滇西大反攻的胜利，惠通桥重新修复，再次担负起抗战运输大动脉的重任。从1938年12月至1942年5月，共有45万吨的国际援华物物资通过惠通桥运往抗战大后方。

3. 心系祖国

九一八事变后，国难当头，梁金山积极投身抗日救亡运动，领导旅缅华侨开展抵制日货的斗争，宣传抗日。1932年1月28日，淞沪抗战爆发后，梁金山捐助十九路军蔡廷锴将军部白银4000两，七七卢沟桥事变后，捐给保卫古北口的二十九军宋哲元将军所部白银5000两。

1937年，卢沟桥事变爆发，中国进入全民抗战的艰苦岁月，梁金山组织领导了“缅甸华侨抗敌后援会”和“中华民国缅甸救国联合会”，组织和动员缅甸华侨支援祖国抗战。梁金山捐赠卡车80辆、飞机一架给国家，并坚持每月捐100卢比直至抗战胜利。当时国民政府分派给云南省的救国公债，他一个人就购买了一半还多。1942年，日军大举南侵，缅甸告急。梁金山无偿动用自己公司的120辆卡车，并雇用了80辆其它公司的车辆，昼夜抢运积压在仰光的10万吨国际援华物资。为了支援抗战，挽救国家危亡，梁金山散尽家财，辛劳奔波。

日军占领缅甸后，得知梁金山积极抗日，又是华侨领袖，把他列为抓捕对象，妄图利用他的声望和财富征服缅甸，进攻云南。梁金山机智地逃过日军特工的搜捕，舍弃在缅甸辛苦经营了几十年的全部家产，日夜兼程回到祖国。

晚年时有人问梁金山："你为抗日战争捐过多少钱？"他淡然回答："你我都是炎黄子孙，国家兴亡，匹夫有责，为了永保祖国和人民安宁幸福，我应该把一切献给祖国，出于一片真诚，从来也不记账哪！"

1977 年 8 月，梁金山在家乡方家寨去世，享年 93 岁。

（八）革命火种的传播

20 世纪初期的保山，交通极为闭塞，经济、文化和社会事业落后，人民赤贫。俄国十月革命和五四运动对保山也产生了积极的影响，无数保山籍进步青年逐步走上革命道路。

1. 青年学生的影响

龙陵青年李鑫早年到昆明求学，考入云南陆军讲武堂，在五四运动影响下，义无反顾地前往南京、北京寻找救国救民的真理，接受了马克思主义思想，投身共产主义运动。1924 年，李鑫加入新民主主义青年团，次年转为中国共产党党员。他与腾冲籍青年杨青田、祥云籍青年王德三在云南赴京青年中成立“云南革新社”，主办社刊《铁花》宣传革命思想，传播马克思主义，先后赴武汉、南京、上海等地建立“新滇社”分社，并与昆明青年联系，组织“青年读书努力会”，为组织和动员进步青年积极奔走。1926 年夏，李鑫到广州参加毛泽东主办的农民运动讲习所学习，随后受党组织委派回滇南开展工作。1929 年 4 月，在领导马格拉矿工罢工斗争中被捕，5 月在蒙自英勇就义。在随后十多年时间里，腾冲籍青年杨青田、艾思奇（李生萱）、李辅仁，龙陵籍青年罗志昌、匡沛兴、朱家璧，昌宁籍青年王浩民等先后加入中国共产党。他们通过回乡探亲、书信往来，联谊活动等方式传播马克思主义思想，对家乡保山产生了深远的影响。

2. 积蓄革命力量

抗日战争期间，云南省工委先后派出熊成楚（后改名熊新民）、朱家璧等回保山工作，在滇军、龙潞抗日游击队和群众中秘密发展党员，团结部队官兵积极参与抗日作战，组织和动员群众参与修筑滇缅公路，为前线作战的部队运送粮弹，抬运伤员，掩埋阵亡官兵遗体等后勤服务，为滇西大反攻的胜利做出了贡献。

1945 年底，匡沛兴从延安回到龙陵开展工作，不久云南省工委派张子斋、唐登民、陆英等与朱家壁会合，在龙陵晓东中学、保山远征中学、保山中学、九峰中学以教书为掩护，传播革命思想，积蓄革命力量。1947 年 11 月，云南省工委派孟时循到保山工作，他通过家乡社会关系担任保山远征中学校长，以校长身份为掩护，秘密开展工作。1948 年 2 月，云南省工委增派中国民主青年同盟（简称“民青”）成员马家聪、王品山、张笛等到保山协助孟时循。通过积极宣传和动员，团结进步教师，党的骨干力量基本上掌握了远征中学。1948 年 5 月，中共滇西北工委成立，确立了重点建立以剑川、保山、祥云为中心的三个工作区，开展游击战，迎接解放大军到来。孟时循以结拜兄弟等方式争取了第二十六军驻保山的输送连、搜索连两个连长和保山县常备大队大队长的同情和支持，并以金鸡中学和远征中学为基地，积极准备开展武装斗争。

3. 金鸡武装起义成功

1949 年 3 月，“共革盟”流窜滇西，省政府电令保山县长杨恒刚调职，由范月三接任。杨恒刚不甘心交权，与警备组长赵秉钧勾结，纠集数十名心腹制造混乱，焚烧监狱，公开抢劫杀人，引起保山极大混乱，面对形势的急剧变化，保山地下党当机立断，发动金鸡武装起义。4 月 15 日，孟时循率领党员骨干、“民青”成员及远征中学革命师生、金鸡革命青年到达金鸡自卫中队驻地张家祖庙，解除了自卫中队的武装，解散自卫中队，收缴枪枝 70 余条，手榴弹 100 余枚，子弹 3 万余发，并利用缴获的武器武装起 100 多人的队伍，打出“保山人民自卫军第四大队”旗号，接管了旧镇公所，成立凤仪镇人民政府。

4. 革命力量的发展壮大

保山人民自卫军第四大队成立后，立即面临“共革盟”重兵威胁，同情支持革命的二十六军输送连和搜索连也被强行编为“共革盟”独立第四支队。为保存革命力量，保山人民自卫军第四大队撤离保山，7月上旬到达剑川与滇西北人民自卫军胜利会师。经过艰苦细致的工作，将李铭勋任司令的“共革盟”第四支队拉到云龙县石门镇，李铭勋自愿加入中国共产党，部队接受整编。保山人民自卫军第四大队撤离后，保山的革命形势继续发展。中共云南省工委派“民青”成员59人以保山旅省同学访乡团名义到保山开展工作，9月底，中共保山县特别支部委员会在金鸡门口成立，先后发展了30多名党员和一批“民青”成员、“农抗会”等党的外围组织也得到壮大。

9月，遵照中共滇桂黔边区党委、中国人民解放军滇桂黔边区纵队命令，活动于滇西地区的人民武装统一整编为滇桂黔边区纵队七支队，下辖三十一、三十三、三十五团。10月又在鹤庆松桂、永胜、龙陵扩编组建三十二、三十四、三十六团。边纵七支队进驻保山，敌我力量发生了根本变化，震慑了反动势力，稳定了社会秩序，为和平接收国民党地方政权奠定了基础。

5. 迎来解放的曙光

10月25日，中国人民解放军滇桂黔边区纵队（简称“边纵”）西进部队司令员朱家壁率部在剑川与边纵七支队会师。11月12日，边纵三团在击败保安团之后，进入昌宁大田坝，14日占领昌宁县城。11月5日，朱家壁率边纵六团击退功果桥保安团守敌后，进逼保山县城。随后经蒲缥、老鲁田，击退惠通桥守敌，直插龙陵县城所在地龙山镇，11月13日，六团主力900多人经龙川江渡口沿腾龙公路向腾冲挺进，16日拂晓在腾冲城南关坡击败保安营及县常备大队，17日深夜，部队调头南进，派出武装工作队奔袭勐柳，处决龙陵副县长、大恶霸王健，组建龙陵县人民自卫大队，成立龙陵县人民临时政府。

1949年12月9日，卢汉在昆明率部起义，并通电云南省地方各级政府及所属武装力量，接受人民解放军的和平改编。1950年1月，中共保山地方委员会成立，到3月底，中共保山县委、龙陵县委、腾冲县委、昌宁县委相继成立。3月，中国人民解放军四野一兵团四十一师进驻保山，革命力量空前强大，保山全境获得解放，基层人民政权相继建立，保山人民迎来了人民当家作主、建设新中国的曙光。

（九）当代共产党员的楷模杨善洲

杨善洲

杨善洲，1927年1月4日出生在保山市施甸县姚关镇陡坡村一个贫寒的农民家庭，童年时期只读过几年私塾，随后做农活，当石匠。1951年5月参加土改工作队，1952年11月加入中国共产党，在党的关怀下一步步成长，先后担任保山第五区区委书记、原保山县委副书记、施甸县委书记、原保山地委副书记、书记。

2011年3月，中共中央组织部追授杨善洲同志“全国优秀共产党员”称号；2012年2月，在第十届感动中国年度人物评选中荣获2011感动中国十大人物称号。

1. 注重学习

杨善洲参加工作以后，十分注重学习和提高。在保山工作期间，组织安排他到中央第七期党校学习两年，到中共四川省委工农干部学校中级部初中学习两年，获初中学历。在繁忙的工作中，他挤时间学习科学文化、学习党的理论和路线、方针、政策，向有经验的干部群众学习，注重总结经验，写下了数十万字的读书笔记，即便退休后依然坚持学习，真正做到活到老学到老。

2. 心系群众

杨善洲注重调查研究，密切联系群众，即便担任地委领导，深入基层时轻车简从，只带司机、秘书两人，不事先通知，车上带着草帽、锄头、雨鞋，到了田间地头，遇到群众插秧，他卷起裤腿和群众插秧，遇到锄地，扛起锄头和群众一起锄地，一边和群众拉家常，掌握农村生产生活真实情况，了解群众的真实想法。他下乡经常住在群众家里，与群众同吃、同住、同劳动，群众亲切地称他为“草帽书记”。他一直认为，与农民群众一起劳动是了解基层、了解农民疾苦的重要方式，和农民在一起了解到的情况最真实。他担任区、县、地级领导30多年，始终保持艰苦朴素、密切联系群众的作风。

3. 清正廉洁

杨善洲下乡到群众家里吃、住，或者在单位食堂吃饭，每次都要按标准自掏腰包支付伙食费和住宿费。担任地委领导后，地委办公室组织领导干部看电影，0.2 元一张电影票钱他也坚决要自己支付。他一心扑在工作上，对家庭照顾很少，老伴和大女儿一直是农民，二女儿和小女儿先后凭自己的能力考上中专，毕业分配和以后的工作安排他从未打过“招呼”。他退休创办大亮山林场后，唯一在林场领取的报酬是：每月 70 元、后调至每月 100 元的伙食补助。无论是下乡还是出差，都是自掏腰包，23 年来从没在林场报销过一张单子，妻子 4 次坐过林场吉普车，他交了 370 元的汽油费。他始终做到严于律己，廉洁奉公，秉公用权。

4. 着眼发展

杨善洲为了解决群众的温饱问题，他提倡运用科学技术，大胆试验，培育和推广良种，兴修水利，改良土壤，通过办农业生产样板田，总结经验，逐步推广，提高了粮食单产，1978 年至 1981 年，保山水稻单产名列全省第一，不仅解决了群众的吃饭问题，而且还可为国家提供大量商品粮，保山获得了“滇西粮仓”的美誉。他还注重调整产业结构，带领群众种植茶叶、咖啡、林果、蔗糖，发展畜牧业，增加群众收入。

5. **信念坚定**

杨善洲始终坚守共产党员的精神家园。1986年6月退休以后，为兑现“帮家乡办点实事”的承诺，主动放弃进省城安享晚年的机会，扎根施甸县大亮山兴办林场，克服了难以想象的困难，带领大家植树造林5.6万亩，修建18公里的林区公路，架设了5公里多的输电线路，使深居大亮山附近的村寨农户，通电通路。20多年的心血和汗水，浇灌出郁郁葱葱的林海。随着大亮山生态环境的修复，山林的水源涵养功效得以很好发挥，林场现在承担着3个乡镇11个村委会70个村民小组2.5万人的饮水供给任务和两个糖厂的蔗区灌溉任务，林区群众人均占有粮食从原来的100公斤提高到500多公斤。林场加工间伐的林材，已经支付给当地村群众伐林木、加工林材的劳务费超过了36万元，带动了当地群众发展生产、改善生活。

2009年4月，杨善洲把价值3亿多元，自己用22年多的时间，历尽艰辛创办的大亮山林场经营管理权，正式无偿移交给施甸县林业局；2009

年年底，中共保山市委、保山市人民政府为杨善洲颁发特别贡献奖，并给予一次性奖励20万元，他将其中的10万元捐给了保山一中，6万元捐给了林场和附近的村子搞建设，只留了4万元给妻子。

2010年10月10日，杨善洲因病去世，享年83岁。

杨善洲同志的先进事迹经媒体报道后，在全国引起了强烈反响，原中共中央总书记胡锦涛批示：杨善洲同志是党员干部的学习楷模，是离退休老同志的优秀代表。他一辈子忠于党的事业，一辈子全心全意为群众谋利益。他的模范事迹和崇高精神感人至深。每一个党员干部特别是领导干部都要向他学习，自觉加强党性修养，自觉实践党的宗旨，努力做人民满意的好党员、好干部。

2011年4月13日，时任中共中央政治局常委、中央书记处书记、国家副主席的习近平同志在“学习杨善洲精神做人民满意的好党员好干部座谈会”上讲话，习近平同志强调：杨善洲同志的模范事迹和崇高精神，生动诠释了当代中国共产党人的先进和优秀，为党员干部特别是领导干部为政、干事、做人树立了一面光辉旗帜。各级党组织要认真贯彻胡锦涛同志关于向杨善洲同志学习的重要指示，教育引导广大党员干部以杨善洲同志为镜子，找差距、增动力，自觉加强党性修养，自觉实践党的宗旨，做人民满意的好党员好干部。

2011 年 3 月 29 日，杨善洲同志先进事迹报告会在人民大会堂大礼堂举行，时任中共中央政治局委员、中央书记处书记、中宣部部长的刘云山出席会议并讲话。刘云山同志指出，杨善洲同志之所以成为共产党员的楷模，最根本的是他有着正确的理想信念和世界观人生观价值观，有着共产党人的坚定信仰和崇高追求。杨善洲同志之所以能够一辈子忠于党的事业、一辈子全心全意为群众谋利益，关键是在于他坚持、坚守，对认准了的奋斗目标能够咬定青山、不离不弃，一以贯之、持之以恒，终生践行共产党人的庄严承诺，恪守人民公仆的精神高地。

保山市认真贯彻中央、省委指示精神，掀起学习杨善洲精神，推动保山跨越发展的热潮。同时深入开展杨善洲精神研究，先后出版了《杨善洲精神研究》、《杨善洲精神的时代价值》、乡土教材《杨善洲》等专著，多次召开杨善洲精神研讨会，并在大亮山林场建立了杨善洲干部学院。形成集干部学习、教育、培训和红色旅游为一体的杨善洲精神教育基地，截至2016年底，到杨善洲精神教育基地参观、学习的干部群众超过600万人次。

（十）基层宣传干部的楷模郑垧靖

郑垧靖，1971年8月出生在龙陵县象达乡邦工村，生前系云南省龙陵县平达乡党委委员、宣传委员。

2010年4月，郑垧靖同志被追授为云南省优秀共产党员。

1. 平凡人生

郑垧靖

郑垧靖1992年9月从保山师范学校毕业后，先后在龙陵县木城乡、平达乡担任小学教师，2000年10月在平达乡教办任师训员，2001年6月入党。2003年8月借调到平达乡政府工作，2005年7月任乡党校教员，

2006年1月任乡党委委员、宣传委员。郑垧靖扎根基层，干一行、爱一行、钻一行，从小事做起，围绕中心，服务发展大局，坚持“三贴近”原则，紧扣时代脉搏，结合群众的所思所想，不断创新宣传内容和形式，把党的方针政策传送到田间地头，把宣传思想工作做到乡亲们的心坎上，在平凡的岗位上做出了不平凡的业绩，赢得了广大群众的赞誉，直至生命的最后一刻。

2. 执着追求

郑垧靖担任乡党委委员、宣传委员之后，为适应新的工作岗位，通过刻苦自学，逐步掌握了摄影、摄像、电视新闻采编、制播和平面设计技术，从一个能说会写的“传统型”宣传干部，转型为“全能型”“现代型”宣传干部。郑垧靖立足本职岗位，采写了大量鲜活的好新闻，先后被各级媒体采用200多篇，拍摄了全乡10个村委会121个村民小组的影像资料，编撰了《平达乡宣传画册》《平达乡民俗民风》等宣传资料。他围绕平达乡的经济社会发展，努力做好宣传工作，在乡党委政府的支持下，建起广播站，以“党的声音进万家”活动的节目模式，每天除转播中央、省、市、县各级时政新闻外，还自办了地方节目“平达之声”，设置了“平达信息、政策法规宣传、民情热线面对面、致富能手现身说法、广播会议、双语广播、生活百科”等八个栏目，覆盖 70 个村民小组、3000 多户村民；开通了“民情热线面对面”，乡党委政府和有关部门可以通过热线电话倾听群众诉求，为群众释疑解惑，排忧解难，被群众亲切地称为农家的“焦点访谈”；利用视频会议设备，与广东惠州锦多玩具公司和保山市工商联相互开通了 QQ 聊天视频电话，外出务工人员与家乡亲友实现了视频通话。

3. 情系乡亲

郑垧靖努把宣传工作融入老百姓生产生活的点点滴滴，把宣传工作转化为生产力，千方百计帮助乡亲们脱贫致富。他深入挂钩联系点平安村，挨家挨户做群众工作，发展烤烟产业，共发展烤烟 300 亩，实现产值 48 万多元；完成茶园改造 900 亩，核桃 900 亩；他不畏艰险，在暴雨造成山体滑坡的严重灾害中，冒着山体坍塌的危险，疏散群众、转移物品，组织农户开展生产自救、恢复重建工作；他积极参与社会治安综合治理工作，2008、2009 年两年间就接待来访群众 500 多人次，直接办理信访案件 120 件，办结 110 件，维护了农村和谐稳定。

4. 服务发展

2007 年，郑埛靖借云天化集团挂钩平达乡的机遇，把该集团先后下派的两名副乡长的工作情况制作成光碟，送到集团总部，使集团全面了解平达乡的发展变化，得到集团的充分肯定。后来，集团决定再投资 50 多万元资金，扶持平达乡的中学运动场建设、周家寨人畜饮水等四个项目；2008 年初，郑埛靖通过视频系统和制作宣传光碟，在团县委的帮助下，向深圳市电信分公司争取援建小田坝希望小学，得到 25 万元教学楼建设资金和 8 万元设备资金。通过他的努力，该公司的职工至今一直资助着小田坝小学的 50 多名贫困学生；郑埛靖通过视频系统和外出务工人员之间的平台，广泛推介平达的资源优势、发展环境，通过外出务工人员的牵线搭桥，引进了外地一家公司的姬松茸产业落户平达，每年为平达农民创造收入 200 多万元，为农民增收致富找到了门路。

5. 甘于奉献

郑垧靖作为乡党委委员，可以说是没有任何人、财、物方面的权力，甚至连“干部”身份都没有解决，一直是事业编制身份，拿着小学教师初级职称每月一千多元的工资，当时比新招的公务员工资还要少400多元。郑垧靖从未因为工作、生活待遇问题向组织提过要求。他说：“我是一个农民的儿子，我是一个按月领工资的农民，我的根在土地上。”他还安慰乡政府里和自己有同样情况的同事，“我们月月拿稳定收入，比起靠天吃饭的老百姓强多了。”

2009年12月13日，郑垧靖因积劳成疾突发脑溢血在工作岗位上殉职，年仅38岁。

2010年6月，中共中央宣传部发出《关于开展向郑垧靖同志学习活动的决定》。《决定》指出：郑垧靖同志真诚信仰、真情传播、自觉践行党的创新理论。全身心投入宣传文化事业，在基层宣传工作岗位上做出突出成绩。他心系广大群众，全心全意为群众办实事解难事，受到人民群众的热烈欢迎。他守得住清贫，耐得住寂寞，始终保持共产党员的高尚情操。他是宣传思想战线广大干部的杰出代表，是广大党员干部学习的榜样。

四、锦绣保山

（一）哀牢文化

1. 发展历程

哀牢是中国西南边陲以保山（当时为永昌）为中心，一个地域辽阔的独立的多民族群体。哀牢文化是哀牢各部族长期以来共同创造的物质文明和精神文明的总和。从时间跨度上来说，哀牢文化“发端于旧石器时代晚末期，兴盛于新石器时代晚期和青铜时代，到铁器时代早期即永昌郡建立、汉族大量迁入的汉晋时期起，

昌宁右甸出土的战国铜盒

昌宁右甸出土的战国铜钺

哀牢文化逐步吸收、全面接纳汉文化，最终其主体文化消融于汉文化，”① 逐渐形成以汉文化为主体的多种文化的融合体。

哀牢文化的发展经历了“史前时期”“青铜时期”和“永昌（郡）时期”三个阶段。青铜文化是哀牢文化鼎盛时期的代表文化，近年来在保山境内隆阳区的黄龙山、腾冲县的二龙山、施甸县的姚关、龙陵县的大花石、昌宁县的大甸山等地的考古发掘和文物调查以及生产生活中发现的青铜器已达近千件。这些青铜器以较丰富的内容和形式展示了哀牢人的生产生活、社会面貌和民族特征。这些青铜器主要有四类：生产工具，如斧、锄、锸、锥、刀；礼乐器，如案、祭盒、鼓、钟、铃；兵器，如剑、矛、钺、戚、戈、镞、臂甲、剑鞘；生活用具，如镜、镯、环、牌饰、串饰小管、蝶、蝉或花卉等。其中大部分是生产工具，占到了总数的三分之一，生产工具中数量最多的是铜斧、铜锄、铜锸和青铜大弯刀等。

哀牢青铜文化始于公元前 14 世纪，繁盛于公

① 耿德铭：《耿德铭文集》（第二卷），云南人民出版社，2015 年 7 月，第 52 页。

元前5至2世纪，衰落于公元前1世纪。青铜文化以昌宁白沙坡、坟岭岗为代表，特点是器物种类和数量大增，技术显著进步，许多器物制作精良，纹饰精美并有人物、动物、植物，使用透雕、圆雕等手法。

2. 文化遗存

今天在保山境内还有很多与哀牢文化相关的遗存、景物、生产生活方式和文化艺术。遗存景物方面，有保山城西的九隆山、九隆池（易罗池）、诸葛堰、诸葛营汉晋古城址、哀牢归汉大型雕塑；保山坝东边的哀牢山，山上有哀牢金井、山下有哀牢王御花园，山麓有“哀牢夫人”墓；金鸡村有吕凯抗御南中叛乱的点将台、吕公巷、大小辕门旧址、吕公祠等；光尊寺、卧佛寺、永封寺等。食品有“哀牢八美味”“哀牢三生”。服饰文化有突显哀牢特色的傈僳族的百鸟羽裳、布朗族和德昂族妇女的头箍手链、围腰、藤篾腰箍。婚俗文化有傣族的“丢包”“偷糍粑”，阿昌族的“要烟吃”等。节日有哀牢犁耙会、隆阳花街、阿昌族的“窝乐节”、傣族的“泼水节”、赶摆和彝族的火把节。音乐舞蹈和戏曲有布朗族以唢呐“一口甜”和羊角号为特色的器乐合奏、德昂族水鼓舞、彝族擦大钹舞、傣族戛光舞，佤族的清戏。文学方面有被合称为“傣族三大爱情悲剧”之一的《月罕姆卓与冒龙央》等。

（二）珠宝文化

近年来，保山市委、市政府结合地方资源优势、特色优势、市场优势，把握国家及云南文化产业战略发展方向，提出把保山打造为“珠宝之都”的战略构想，将保山打造成为南亚珠宝加工交易的核心区，并与瑞丽、仰光、清迈的珠宝和旅游产业联动，发挥集群优势，发展成为“孟中印缅”国际大通道上的珠宝旅游和购物中心。

历史上有“玉出云南”之说，保山作为南红玛瑙、翡翠的发祥、集散、加工与交易之地，黄龙玉的原产地，具有悠久的历史和深厚的文化底蕴，具有良好的产业基础，所以“玉出云南”可以说是“玉出保山”。

1. 南红玛瑙

《永昌府志·食货卷·物产》、沈德符《万历野获编》等文献资料反映，保山是南红玛瑙有文献记载的最早也是最著名的产地。目前，保山市的南红玛瑙资源主要分布在隆阳区境内的杨柳乡、瓦渡乡、板桥镇、金鸡乡和水寨乡等地。

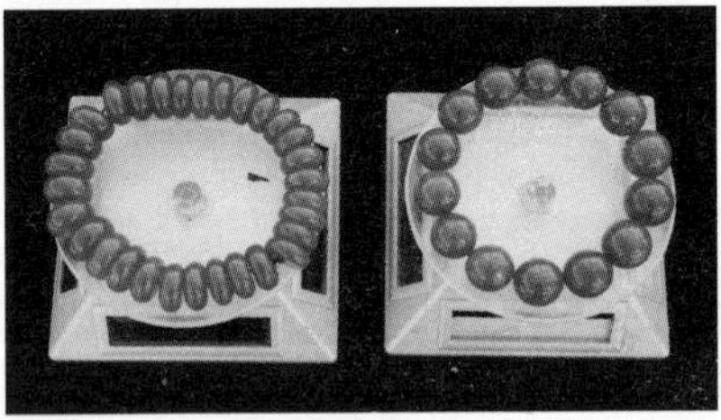

南红玛瑙

南红玛瑙历史悠久，在出土的战国贵族墓葬中已经有了南红玛瑙的串饰，收藏家们把这种红色称之为“战国红”；云南博物馆馆藏有古滇国时期的南红扁圆多棱珠；北京故宫博物院馆藏的清代南红玛瑙凤首杯是研究南红玛瑙制品、南红玛瑙雕刻件等宫廷碾玉的实物资料，属于国家一级文物。从这些馆藏品可以看出，历朝历代对南红玛瑙都“情有独钟”，同时也证明了南红的珍贵稀缺性。

“玛瑙无红一世穷”，红色让玛瑙有了贵贱之分。按颜色可将南红分为：锦红、玫瑰红、朱砂红、红白料、缟红料等。其中以柿子红、玫瑰红和朱砂红为上乘之色。在中国人的眼里，红色是喜庆、幸福和吉祥的象征，所以在追求玛瑙的时候，人们尤其注重红色。在自然界中，天然的红色宝玉石并不多见，像红宝石、红珊瑚等高级别的宝玉石不仅价格高昂，而且不便于加工和养护。南红的出现弥补了红宝石和红珊瑚的缺憾，它质地坚固、观感润泽，适合雕刻创作，表现形式丰富。

南红玛瑙又被称为“赤珠”，被认为是最具佛缘、可以与神灵沟通的奇异宝石，拥有或者佩戴可以驱邪避灾、护身平安，所以一直受到佛教徒的喜爱。红玛瑙象征活力、财富、尊贵，常佩带可以使人身心愉悦，增强自信。还有一说，认为南红玛瑙对消化系统、肠胃有调理作用，能起到养心养血、消除精神紧张和压力的作用。在历史上，南红玛瑙还作为帝王、朝臣的朝珠来使用。朝珠的材质有翡翠、琥珀、猫眼石、象牙、沉香木等等，南红玛瑙大多用作朝珠的分珠、三通、背头、佛头、佛嘴、坠子等，也有全部用南红玛瑙制作朝珠的，但是这种朝珠一般官员是佩戴不起的。

2009 年，南红玛瑙在北京开始“热”起来，2010 年价格暴涨，一时间在保山市隆阳区境内多个乡镇都发现了南红玛瑙：“东山玛瑙”“西山玛瑙”“杨柳玛瑙”“水寨玛瑙”……对南红的突然走红，曾有隆阳本土诗人写诗概括到：“南红出滇西，彩霞映隆阳。古称是赤玉，佛说七宝珠。今朝突走俏，红透半边天。”

2. 腾冲翡翠

腾冲是历史上发育最早、规模最大、延续时间最久的翡翠加工、集散地，有“中国翡翠第一城”的美誉。

翡翠具有丰富的文化内涵。中国自古就有“君子比德于玉”“谦谦君子，温润如玉”的说法。翡翠的颜色丰富多彩，有红、橙、黄、绿、青、蓝、紫、白、黑与无色 10 种颜色，在所有天然玉石当中属颜色最多者。其中以绿色最为名贵，其色泽深邃如海，艳而不俗，生机盎然，预示着旺盛的生命力，同时也具备了人们所向往的温文、宁静、含蓄、纯洁、坚贞、正气等美好品性。

翡翠又被称为“帝王玉”，清代的乾隆帝和慈禧太后都是嗜玉成癖之人，尤其是慈禧太后一生钟爱翡翠玉雕，甚至死后都用了大量的翡翠做陪葬品。据说在她的 700 件陪葬品中，有翠玉佛 27 尊、翡翠西瓜 2 个、翡翠甜瓜 2 对、翡翠白菜

2 棵、翡翠荷叶一只。有人估计，这些翡翠的价值可达数千万两白银，可谓价值连城。

腾冲不产玉石，但是却有“玉出腾越”之说，原因有二：一是腾冲与世界上最大的翡翠产地缅甸毗邻，距玉石产地勐拱、帕敢只有 300 余里，在很长一段时期内，腾冲几乎成为缅甸进入中国的唯一通道，玉石交易量几乎占全世界的九成。“据民国时海关统计，1902 年，登记入境的玉石为 271 担，1925 年为 376 担”[①]。二是腾冲手工业发达，珠宝玉石加工技艺精湛，大量的翡翠原材料都通过在腾冲雕刻加工后经缅甸八莫、仰光而达新加坡、苏门答腊、印度雷多、加尔各答、哥伦堡至尼泊尔，或由昆明至广州、上海、香港销往世界各地。“至清末民初，仅腾冲城内即有翡翠作坊百余家，玉雕工匠三千余人”[②]。

因为腾冲的玉石交易量巨大、玉雕师较注重精品的加工，于是就产生了大量的次料、脚料，时间久了，便出现了有些人家用玉石铺路、砌墙、

① 唐定国：《新编保山风物志》，云南人民出版社，1999 年 4 月，第 219 页。

② 唐定国：《新编保山风物志》，云南人民出版社，1999 年 4 月，第 219 页。

垫马厩，若干年后偶然发现当年遗弃的废料竟是上等玉，主人家也因此一夜暴富。腾冲“五大名玉”（绮罗玉、段家玉、振坤玉、官四玉和寸家玉）中的绮罗玉和段家玉就与此相关。

近年来，随着腾越翡翠城、腾越珠宝城、文星楼文化风貌街、腾越古镇在内的玉石交易中心及荷花玉雕加工基地、雨伞玉雕加工基地的建设以及“卞和杯玉雕作品大赛”的举办，进一步提高了腾冲翡翠的品牌地位，为实施“腾冲翡翠无假货”的品牌战略打下了坚实的基础；进一步提高了腾冲翡翠的加工水平，培养了优秀的本土玉雕大师，例如云南唯一土生土长的“中国玉雕大师”杨树明的作品曾获得“中国玉器百花奖”金奖，且多个作品被海内外藏家收藏；进一步形成了巨大的翡翠加工、成品经营和旅游购物专业市场，真正实现了“中国翡翠第一城”的称号。

3. 龙陵黄龙玉

2004年，黄龙玉被发现于保山市龙陵县。作为一种新发现的玉种，龙陵黄龙玉的命名经历了一个曲折的过程。从“黄蜡石”到“黄蜡玉”再到2011年2月1日黄龙玉收录于《珠宝玉石名称》，共经历了7年之久。

黄龙玉圆了中国玉石文化的一个梦想。在中国文化中崇尚的色彩有红、黄、绿、黑、白等色，尤以红、黄、绿为甚。但在中国的玉文化里，却一直没有出现过以红、黄为主色调的玉石。黄龙玉主色调是黄色，兼有羊脂白、青白、红、黑、灰、绿等色。有“黄如金、红如血、绿如翠、白如冰、乌如墨”之称。因此，黄龙玉被珠宝玉石界誉为“玉中奇葩、国色美玉”。

龙陵县黄龙玉矿区主要集中在龙陵的龙新、象达、碧寨3个乡境内的小黑山及周边地区，镇安镇、龙江乡也有蕴藏。据综合性特点，黄龙玉有山料、水料之分。山料与水料直观上存在很大差异，如果一块玉料有两种颜色，两种颜色之间交界分明的是山料，两种颜色之间没有明显界线的是水料。另外，山料的纹理比较刚硬，水料的纹理比较柔和，就像水痕一样，有

黄龙玉

晕开的感觉。

龙陵黄龙玉中的水草花，是黄龙玉玉材中一朵标新立异的奇葩，一开始被认为是玉料中的瑕疵，后来晋升为玉中的“花王”。它不仅表现出绘画艺术里的平面纹理构图，而且更多地展现出“图案”三维空间的立体造型，层次丰富、意境空灵、意象万千，既为工艺大师们提供了广阔的创作想象空间，又给予赏玩、收藏者无以穷尽的品鉴意蕴和遐想空间。

2004 年以来，龙陵的黄龙玉取得了较大的发展，建成了占地 15.3 亩的龙陵县黄龙玉公盘交易中心，截至 2016 年 9 月，共举行公盘交易 32 次，交易额达 2 亿元；举行了七届“玉满乾”杯黄龙玉雕刻大赛，近千件作品获奖，在全国性的玉雕比赛中多次获奖；在中央电视台播放《走遍中国——黄龙玉的财富传奇》《解码黄龙玉》等节目，让外界对黄龙玉有了更深入的认识；2016 年初又筹建黄龙玉博物馆，以固化的形态展示黄龙玉文化，以生动的形象展现黄龙玉的发展历程、发展成就。

（三）国宝永子

“永子”即永昌所产的围棋子，又名“永棋”，是以南红玛瑙、黄龙玉、翡翠和琥珀等天然原料，采用保密配方和绝技熔炼、传统手工制作而成，其用料考究、工艺精妙，是古往今来举世公认的棋中“圣品”。

永子始于明代，可考证的历史在500年以上。《明一统志》中说“永昌之棋甲于天下”。《徐霞客游记》卷十八亦有云：“棋子出云南，以永昌者为上。”清光绪十一年刻本《永昌府志》卷六十二中还记载了永子的生产用料和工艺。永子不仅为达官显贵、文士骚客所珍爱，还一直是进献皇室的上乘贡品，堪称“国宝”。在康浩明的《曾国藩》中有这样一个故事：崇祯皇帝有一位叫田娘娘的妃子，不仅国色天香，而且冰雪聪明，琴棋书画，样样精通，后宫佳丽无一人可及。崇祯爷爱下围棋，田娘娘陪他下。但苦于宫中无好棋子，于是田娘娘就叫她的父亲田宏遇去设法谋一副好棋子来。后来在永昌府东北三十里外的金鸡山里，挖出两块千年难遇的好石头：一块纯白，无半点瑕疵；一块乌黑，无丝毫杂质。知府为讨好田国丈，亲自选派最好的窑工，不惜工本，烧制了一副永子，又叫专为宫中做器具的工匠做了一个精巧的盒子献给崇祯帝。

清代咸丰年间，由于保山地区的“回汉之乱”，制作永子的李氏官窑被叛兵掠夺，永子技术部分失传。1964年3月，陈毅元帅（时任国务院副总理，兼任中国围棋协会名誉主席）到云南视察，询问永子的恢复和发展情况。1988年3月，保山成立了“永子”围棋厂，组织和抽调李氏家族的后人再次研制恢复永子的生产。他们先后挖掘了所有关于“永子”的史料和工艺，购买了一副明代的老永子和《永子传奇》的出版权和影视改编权。同时，向国家商标局注册了“永子”商标。1997年保山李氏家族丙麻支系的永子第十一代传承人李国伟开始了探寻“永子文化”的传承之路。2009年3月15日，李国伟终于研究出了真正的永子，并怀揣一副新永子远赴北京拜访围棋泰斗、中国围棋协会原主席陈祖德先生，请陈老品评他研制的新永子。2012年元旦，经过近两年的工艺改进，李国伟再次带着永子到北京拜访陈祖德先生，陈老将永子捻起，连连惊呼：“国宝终于再生了！”

目前，“永子文化”已成为保山五大文化品牌之一，永子已经成为中国围棋世界冠军争霸赛指定比赛用棋。参加联合国总部举办的“2011 年云南民族民间艺术节——民族风情巡回展”获得好评；参加在泰国举行的“2012 年中国与东盟民族民间文化交流活动”上作为国宝展出。2013 年 1 月建成永子棋校。2012 年，保山市正式启动永子文化园永子棋院项目规划建设工作，2016 年 9 月 28 日正式对公众开放，成为集文化、旅游、休闲、娱乐、体育运动为一体的综合性园林古建筑公园。2016 年《谁是棋王》中国围棋民间争霸赛第三站小组赛在保山举行，2016 年组建保山永子围甲队，中国围棋棋圣聂卫平亲自担任总教练，世界围棋第一人柯洁任主将……通过一系列工作的开展，保山“内外兼修”，使永子的知名度越来越高，永子文化得到了更多人的探究和认同。

永子不仅具有娱乐价值和历史价值，更重要的是其浓郁而丰富的审美价值。从永子的材质来看，取材珍贵、成品奢华，但是却具有显而不露、精美奢华而不张扬、色泽温润、手感舒适等特点，这些特点正契合了中华民族的包容、自然、淡雅、含蓄之美；从永子的形式看，永子以黑白两色作为底色，黑白是朴素之色，不华丽不热烈，表现了一种单纯的生命哲学，永子以扁圆为外形，“其形面凸而不显，身扁而不觉其薄”，颜色和外形相结合，体现了永子收敛、低调、清淡、适中的美感；从弈棋者看，棋手们有“清风袭来水波不兴”的修炼和精神追求，这也体现了一种内敛、包容之美。永子的这些审美特质也正契合了保山人纯朴、真诚、内敛、包容、稳重、务实的特质，所以保山人又被称为“永昌之子”。

（四）非遗文化

截至2016年，保山昌宁的苗族服饰、腾冲的佤族清戏、皮影戏被列入国家级非物质文化遗产名录，有国家级非遗传承人3人；瓦房乡彝族舞蹈“擦大钹”、象达汉族民间纸伞工艺、“永子”（围棋）制作技艺等18项被列入省级非物质文化遗产名录，有省级非遗传承人55人；市级保护名录153项，市级传承人169人；县级保护名录200余项，囊括了民俗、音乐、舞蹈、戏剧、工艺、艺术之乡、文化传承人等类别。这里介绍部分非物质文化遗产。

1. 苗族服饰（国家级）

昌宁的苗族服饰被有关专家形象地称为苗族五千年“活的史记”“穿在身上的历史”，原因在于苗族没有文字，所以苗族服饰就成了苗族几千年迁徙的历史缩影。制作和传承服饰是苗族妇女一生中的大事，女孩子长到7、8岁，就要在阿妈的启蒙下开始学绣自己的嫁衣，这套服饰不光结婚时要穿戴，而且婚后要妥善保存，直到老来去世，用做寿衣。

昌宁苗族妇女的服装分为盛装、二等盛装和便装三类。盛装相当于礼服，一般在盛大节日或出嫁时穿；二等盛装在走亲串戚、回娘家、陪客、赶集等社交活动时穿；便装为日常衣服，花纹较简单。盛装是苗族服饰特点的浓缩版，一套完整的苗族妇女盛装由包头、上衣、披肩、围腰、腰带、短褶裙等大小十八件套组成，被形象地称为“十八一朵花”。昌宁苗族服饰色彩以红、绿、蓝、白、黄为主，辅以其他颜色，所以又称为“五色衣”。

昌宁苗族服饰的制作具有完整的工艺，包括麻纺工艺、挑花工艺。麻纺工艺又包括种麻、切麻、绩麻、牵线、织布等 8 道工艺。挑花工艺又包括挑花技法、纹饰图案的造型、纹样色彩的搭配和纹饰图案的内涵 4 道工艺。昌宁苗族服饰图案的表现题材一般有：鸟图腾、蝴蝶、花朵、鱼、虾、回环式的方形纹、几何纹、三角花纹、云纹、水纹、波纹、菱形纹等。纹饰主要有几何纹、动物纹、植物纹、劳动生产工具纹四大类。

2. 佤族清戏（国家级）

佤族清戏是流传于保山市腾冲荷花镇甘蔗寨的一种古老的少数民族剧种，之所以称为“清戏”主要是因为“清唱”，人物上场时往往先念引子或念诗，然后再唱或道白；没有复杂的身段，基本上主要靠演员对剧情的理解而发挥；行头不太讲究，多为在普通布料上粘贴一些用纸剪的飞禽走兽之类的简单图案；一开始演员不化妆，20 世纪 80 年代开始化妆。佤族清戏的角色有生、旦、末、丑之分，服饰分衣、褶、蟒、靠，头饰有盔、冠、巾、帽，还有髯口、靴、面具等。佤族清戏的声腔有“九腔十三板”。佤族清戏一般在春节期间的大年初一、初二、初三和正月十六采取走村串寨的方式演出，所选剧目多为二至四人的折子戏，其中表现悲欢离合和神仙故事的剧目最受欢迎，常演的剧目有《姜姑刁嫂》《逐赶庞氏》《文龙辞妻》《钟离点化》《湘子渡妻》等。

3. 腾冲皮影戏（国家级）

腾冲皮影戏是流传于保山腾冲市内的一种传统艺术形式，又被称为“灯影子”“皮人戏”“土电影”，皮影戏“隔帐陈述千古事，灯下挥舞鼓乐声。奏的悲欢离合调，演的历史奸与恶。三尺生绡作戏台，全凭十指逞诙谐。一口叙述千古事，双手对舞百万兵。一张牛皮居然喜怒哀乐，半边人脸收尽忠奸贤恶”。

腾冲皮影戏由于地域和语言的差异，分为“东腔”和“西腔”，东腔出自腾冲南部、西腔出自腾冲北部，东腔以图像高大、旋律优雅、气氛庄重为特点，西腔以图像精巧、节奏明快、情绪昂扬为特点。腾冲皮影戏的唱腔有男腔、女腔、走马腔、碱云腔、悲板等。目前，影响较大的是“西腔”流派的代表，固东镇的刘家寨皮影剧社。固东镇的皮影靠子尤具特色，在国内皮影中独树一帜，其选用黄牛皮作为制作材料，与北方皮影使用的驴皮相比，柔韧性和透明度更好，保存年限也更长。固东皮影靠子制作精美，构图完整、雕镂考究、线条精细、色彩艳丽，整体形式显得极为华丽和严谨。腾冲皮影戏的剧目丰富，大多取材于传奇、演义及汉族民间故事，尤其以三国戏、列国戏、西游戏、水浒戏、杨家将等连台本戏居多，故事情节曲折动人、人物形象个性鲜明、唱腔圆润优美、对白生动风趣，给人一种很高的艺术享受。

4. 瓦房乡彝族舞蹈“擦大钹”（省级）

“擦大钹”是流行于保山市隆阳区瓦房彝族乡徐掌、白龙井、四棵树等彝族聚居村寨的一种以大钹为主要表演道具，集舞蹈、民间武术、杂耍、打击乐演奏于一身的彝族民间舞蹈。

“擦大钹”舞蹈适用场合较宽泛，讨亲嫁女、建房乔迁、超度亡灵、年节庆典等都可以表演。大钹班子一般由 6 人至 8 人组成，全是男性，忌讳女性加入。“擦大钹”讲究步法和钹位，有“长板”“纱帽顶”“串花”“苍蝇搓脚”“拳打（五合丢拳）”5 个基本的套路。根据场面需要和表演者体力和激情程度，5 个套路可以通过独舞、双人舞、多人混合舞等多种形式来表现。除主奏乐器大钹外，常用堂鼓、小红鼓、大锣、小钹、铙子、小唢呐、长号等作为伴奏乐器，每次表演都以长号吹长音开场，紧接着，明亮的唢呐曲调和热闹的锣鼓打头引出大钹舞者的精彩表演。在“擦大钹”中，唢呐是一种应变场和、依法办事程序及时变换曲调并贯穿始终的重要乐器。师傅们手执大钹，模仿动物的动作，队伍时而围成圆形，“擦大钹”者在中间相视而舞、诙谐幽默，时而全队人齐上阵，钹鼓声响彻云霄，气势磅礴，表演现场气氛热烈，极富感染力。

5. 板桥镇“乌铜走银”（省级）

乌铜走银是在保山市隆阳区板桥镇流传的一种传统手工艺，较为出名的是板桥镇青龙街的“四宝斋”，其传承人叫万光红。乌铜走银可以在手镯、墨盒、烟斗、茶具、笔管等小件上“走”花鸟、山水、人物、书法等图案，也可以在花瓶、屏风等大件上“走”构图丰满、内容丰富、形式多样的“画作”。现在存世的大件代表作是收藏在人民大会堂云南馆的《五百里滇池》巨型屏风。乌铜走银的工艺是将银丝嵌入乌铜表面已经刻好的花纹内，再加热将银丝熔化，使银与乌铜成半合金状态，冷却后用手急擦，汗液浸渍到走银处，使铜银结合得更稳定和更富有光泽。其工序分为合金、冶炼、出坯、雕花、做形、打磨和变色，其中最重要的是变色，变色时间最快的要 1 天，慢的要 2 天。乌铜走银的神秘之处在于它祖传的、秘不外传的乌铜配方和走银用的焊药。在工艺美术界，云南的乌铜走银曾与北京的景泰蓝并称为“天下铜艺双绝”，被专家合称为“金属工艺品双璧”。

6. 象达镇汉族民间纸伞工艺（省级）

保山市龙陵县象达镇营坡村南海寨汉族制作的纸伞，因为使用当地特有的“人面观音竹”做材料，所以也被称为“人面竹纸伞”。人面竹纸伞制作选材讲究，工艺精细，共有 72 道工序，道道都是手工完成。纸伞由伞把、伞料、伞骨、伞头和伞面组成。伞把选用当地特有的“人面观音竹”来做，竹根部具有独特的竹节造型。伞头、伞料需选用当地的青香皮、山苍子或矮头瓜树，用自制的木架车床车成圆头和孔。伞骨用荆竹片削成。伞面选用当地的绵纸和构皮纸，用制好的扇形模型比好大小，将纸剪成扇形，经过民间秘方处理后，裱在伞面上，伞面的绘画常彩画碎花、梅花、喜鹊等吉祥图案。人面竹纸伞因为其经久耐用、美观大方的特点，被相邻的德宏州及缅甸邻邦消费者所喜爱。

7. 平达乡傈僳族民间体育“嘟哒哒”（省级）

“嘟哒哒”是流行于龙陵县平达镇黄连河的一种传统体育项目，可以两个或多个人共同玩的一种草球的抛接游戏。“嘟哒哒”为傈僳族语，“嘟”意为“抛起”，“哒”意为“接着”。现在已经演变为“快来玩，大家快来一起玩”的意思。不论是农闲、节日、聚会还是喜庆的日子，平达黄连河的男女老幼都喜欢玩“嘟哒哒”，成了黄连河青年男女表达爱情的重要活动和强身健体的运动。“嘟哒哒”的情歌还被傈僳族人编成了曲子，用三弦、口弦琴、葫芦笙、笛子等演奏。2005 年 1 月 5 日“嘟哒哒”获抬击球类国家专利。

8. 和顺镇民间歌谣《阳温暾小引（吹烟调）》（省级）

《阳温暾小引》又名《吹烟调》，是清道光年间流传于今保山市腾冲和顺镇的一首民谣，是后人根据当年滇西边地男人在家乡成长、出国谋生的种种经历，用村言俚语、半文半白写成的歌谣，也是一部用于告诫乡人的劝世歌谣。《阳温暾小引》正文共790句，为“三、三、四”10字一句，竖行编排。歌谣内容庞杂，从中华历史到二十四孝；从母亲养育儿女的操劳，到儿子长大后为什么要走出家门到外国谋生；从出国路上碰到的各种危险灾难，到腾冲人葬身异国他乡的孤坟荒冢；以及到缅甸之后如何落脚，如何学做生意，如何发财，发财后何时回家结婚生子，以及几个兄弟如何分工出门，到回家探亲如何给乡里人带礼物等一应俱全。歌谣用较大篇幅描述出门人要特别注意的戒赌、戒嫖、戒吹（鸦片）、戒懒等“九戒”，把每一戒的诱人之处和惨痛后果都写得淋漓尽致。如：

七戒那，为赌钱，正路不走；
自古道，十个赌，九个干休；
为打字，输钱的，十有八九。
劝列翁，快猛醒，及早回头；
生意钱，血汗钱，才得长久；
惜省下，此项钱，早回故州。

此外，还写了腾冲在家女人的“三要”：

一要孝敬公婆，二要相夫教子，三要积留钱财。

自古道，男人找，女人积留；

别寨的，妇人家，纺织为首。
吾乡人，爱的是，粉面油头；
走东家，到西家，花麻料口。
巧梳妆，怪打扮，全不知羞。

9. 昌宁傣族史诗《神蜘蛛》（省级）

《神蜘蛛》是昌宁傣族的一部大型史诗，叙述了明朝万历年间，缅甸洞吾王朝勾结云南土司，起象兵十万，五路进犯滇西，企图将云南部分领土从中国分裂出去，“神蜘蛛”转身的邓子龙临危受命，在姚关大破象阵，三战三捷，收复“三宣六慰”，全诗约6万行。《神蜘蛛》将邓子龙与“神”等同，作为跨境的少数民族傣族，这既是对英雄的讴歌，更是对中华文化的认同，国家统一的认同，也是对后世人的警示，有鲜明的特色，体现了傣族史诗的高超水平。

10. 施甸县布朗族“接木龙”习俗（市级）

“接木龙”是施甸县布朗族最为隆重的祭祀活动。每年的正月初二这天，布朗族各村寨的父老乡亲都齐聚村外的龙井边焚香烧纸，设案祭祀，举行“接木龙”仪式，活动一般要持续一天一夜，包括祭祀、打歌等。“接木龙”仪式，体现了布朗族对龙的尊崇和祈求龙赐福的美好愿望，也是对自己民族来源的古老群体记忆，更是山地民族对水源的珍视、靠天吃饭惧于自然的结果。

（五）自然景观

1. 神奇的高黎贡山

保山境内名山众多,尤以高黎贡山最为神奇。高黎贡山山峰峰峦起伏，气势雄伟，绵延 600 多千米。高黎贡山拥有高等植物 4897 种，各种动物 2389 种，其中特有植物 434 种，有“植物活化石”桫椤、“世界杜鹃花王”等国家珍稀濒危植物和云南省重点保护植物 79 种；有孟加拉虎、羚羊、白眉长臂猿、林麝、白尾梢虹雉、小熊猫等 82 种国家和云南省重点保护动物。1986 年被国务院批准为“国家级自然保护区”，1992 年世界野生动物基金会（WWF）将高黎贡山列为“具有国际重

高黎贡山

要意义的A级保护区”，2000年被联合国教科文卫组织批准为“世界生物圈保护区”。先后获得“世界物种基因库”“世界自然博物馆”“生命的避难所”“野生动物的乐园”“哺乳类动物祖先的发源地”“东亚植物区系的摇篮”“人类的双面书架”等美称。

高黎贡山是一幅自然、历史、文化多样性的立体画卷。山顶白雪皑皑，山中绿树繁茂，山下木棉似火，万千气象形成“一山有四季，十里不同天”的立体气候；西南丝绸之路两千多年前就从遥远的蜀地经高黎贡蜿蜒西连缅甸、印度，古老的通商道路成为对外开放、东西商品和文明交融的走廊；气壮山河的滇西抗战在高黎贡山上留下了记忆之痕。

高黎贡山是科学考察的理想之地，也是探险历史寻踪和生态旅游的最佳场所。

2. 峡谷明珠潞江坝

潞江坝位于保山市隆阳区西南部，高黎贡山东麓，怒江大峡谷末端，潞江坝区主要分布在海拔640米至1400米之间丘陵里，光照充足，终年无霜，是典型的亚热带干河热谷之一。这里一年四季草木清葱，花果飘香，年降雨量700至1000毫米，日照2517小时，最高气温38.5℃，最低气温4℃，年平均气温21.3℃，无霜期350天，盛产小粒咖啡、甘蔗、香料烟、泡核桃、热带水果等农副产品。潞江坝居住着汉、傣、傈僳、德昂、回、彝等多种世居民族，各兄弟民族和谐相处，共同孕育了浓郁的少数民族风情，并保持了各自的民族传统文化，形成了民族文化的多元性组合。

潞江小粒咖啡品质优良，是名冠全球、世界称誉的优良品种。潞江坝已成为中国优质咖啡良种基地之一。

潞江坝旅游景点众多。有望江楼现代咖啡园、赧亢植物园、芒旦风情园、赧浒白龙潭、摆乐塘

美丽富饶的潞江坝

变色温泉、大榕树群、三叠水瀑布、怒江第一滩等。

（六）人文景观

特殊的区位、优美的自然环境和悠久厚重的历史文化，造就了保山独具特色的温泉、路桥、寺宇、生态园林、红色旅游等人文景观。

1. 温泉

保山温泉遍布，有各种热泉170余处，年流出热水1.6亿立方米。腾冲火山热海是世界上少见的火山地热伴生地（已被批准为国家地质公园），2016年被批准为国家5A级景区。其他还有腾冲的玛御谷温泉、荷花温泉、永乐温泉，龙陵的邦腊掌温泉、老梨树温泉，隆阳区的金鸡温泉、蒲缥温泉，施甸的石瓢温泉、娲女温泉，昌宁的橄榄河热泉、鸡飞温泉等，这些温泉或地处环境清幽的深山中或地处交通要道旁，温泉水富含偏硅酸、偏硼酸、碳酸、锂、锌、钾、钠、钙、镁和

邦腊掌温泉

氟等微量元素，对皮肤不适、风湿性关节炎、肌肉神经痛等多种疾患具有奇特疗效，是理想的康体疗养、休闲度假之所。

2. 路桥

保山是南方丝绸之路上的重要驿站，属于典型的山区市，境内山高林密，道路和桥梁的修筑既具有较强的现实意义又具有重要的历史价值和文化价值。例如，始建于1938年，诞生于抗日战争烽火中、滇西人民用血肉筑成的国际通道——滇缅公路和1944年修通的被称为“抗日生命线”的史迪威公路，两条公路国内段至今仍然保养完好，能正常通行，已经成为热门的红色旅游线。位于滇缅路上的惠通桥，始建于明朝末年，初为铁链索桥，民国24年（公元1935年），华侨梁金山先生捐资，将旧桥改建为西式钢缆吊桥，取名“惠通桥”。1942年，日寇进犯滇西，该桥被炸断以阻断交通，1944年5月滇西反攻开始，该桥又被修复，1974年6月1日，惠通桥下游400米处的红旗桥举行通车典礼，惠通桥停止使用。位于腾冲市和龙陵县交界处、保腾（保山—腾冲）高速公路上的龙江大桥，系双塔单跨钢箱梁悬索桥，全长 2470.58 米，创造了几个“第一”：峡谷跨径世界第一，海拔高度亚洲第一，我国山区地貌中的第一座跨径超过千米的钢箱加劲梁悬索桥，是保腾高速创造“历史文化之旅、自然景观之旅、国际通道之旅”的标志性建筑。2016 年 11 月 8 日，保山市人民政府与云南省公路开发投资有限责任公司签署了旅游开发战略合作协议，启动龙江大桥国际旅游区项目。

3. 寺宇

保山境内寺宇众多，或大或小、或简或繁、形态各异、内涵丰富。位于保山城南 16 公里的云岩山云岩卧佛寺，始建于大唐开元四年，大殿依一天然石洞所建，大佛用玉石雕琢而成，面东背西，侧卧于壁面石台之上，造型端庄而不失灵动，仪态安详而不失飘逸，是中国最大的玉卧佛。洞中还塑有五百罗汉佛像，雕塑艺术精湛。位于腾冲县城北 50 公里处的云峰山，海拔 2445 米，相对高差 840 米，因其在苍茫的群山中尖峰突出直插天际，浮云缥缈，故有“云峰”之称。这里峰奇壁绝、谷深壑险，峰顶如斧劈刀削，危岩悬空，建有道观。从山脚到山顶的 2700 余级穿云石蹬，皆斧凿于峭壁危崖上，依山顺势，在近峰顶处有43级近乎垂直的石梯，游人需扶着两旁的铁链才能拾级而上。登上云峰之巅，无论观日、观云、观山，都会令人心神荡漾。位于保山市西南约3公里的九隆岗下的梨花坞，是清代尚书、保山人王宏祚所建，为保山的佛教圣地，已有300余年的历史。因其地势四面凸出，中间凹下，又因种有大片梨树，每当春天梨花盛开，雪白如云，如花似锦，因而得名“梨花坞”。位于板桥镇东北部的光尊寺，系天宝二年（公元743年）南诏王皮逻阁为祭祀佛教尊神而建。现存建筑多为清朝后期至民国初期重建，是保山现存规模最大的儒、佛、道三教合一的古建筑群。其他的还有全国唯一一座供奉猪八戒塑像的板桥镇西庄村的八戒寺，以壁画彰显特色的施甸县由旺镇的少保寺、为祀西方天竺（印度）佛教诸神而建的西竺庵，腾冲的中天寺、水映寺、来凤寺，龙陵的云龙寺、崇善寺，昌宁的龙潭寺等等。

4. 生态园林

保山是一个山区市，具有良好的生态环境，加上后世的人工雕琢修建，形成了众多特色鲜明的生态园林。保山城西的太保山是一个占地1500多亩的森林公园，山上长满了松树、杉木、栗子树等多种林果木，环境优美、空气清新，沿着700余级台阶登上山顶的观城亭，保山城尽收眼底。山顶建有武侯祠、保山历史名人堂等建筑，是保山人强身健体、愉悦精神的最佳去处。在保山城西南边九隆山下的易罗池，原名九隆池、龙泉湖，因“九隆神话”而得名。易罗池的主要景观由一池、一亭、一塔构成，池似砚、亭像墨、塔如笔，大地当纸，文房四宝齐备。抗战胜利后，为纪念在滇西抗战中阵亡的将士，在易罗池畔建立了公墓及“滇西人民抗战纪念碑”。保山城东的青华海是保山市中心城市东城区“三个万亩工程”之一。青华海是历史上永昌的外八景之一，是哀牢古湖遗址和新城区腹心部位的风景点，生态良好、水源丰富，分为西湖、东湖、湿地公园、荷塘观光园、“哀牢部落”文化村五大景观功能区。其中西湖水域南部建有以永昌阁为主体建筑的永子棋院，是集保山历史文化元素为一体的地标式建筑之一。腾冲北海湿地位于腾冲县城西北的北海乡，是1994年12月国家首批公布的全国

33处国家重点湿地之一，也是云南省唯一的国家湿地保护区。保护区以“浮毯型”沼泽为特色，沼泽内的“海排厚度”国内罕见。

5. 红色旅游景点

近年来，保山市委、市政府不断挖掘，加大投入，建成了龙陵抗战纪念馆、和顺滇缅抗战博物馆、滇西抗战纪念馆等，对龙陵董家沟日军慰安所旧址、龙陵白塔赵家祠堂日军司令部旧址、龙陵日军军政班本部旧址、松山大垭口日军慰安所旧址、腾冲土产公司日伪县政府旧址、光华街日军慰安所旧址等进行了修缮保护，对松山战役遗址、善洲林场等进行了开发建设，形成了内容丰富的红色旅游资源。其中，滇西抗战纪念馆自2013年8月开馆以来，服务了600余万人；松山战役遗址作为第二次世界大战滇西抗战的主战场，2006年被国务院公布为第六批国家文物保护单位，2011年公布为全国第二批红色旅游经典景区，是电视剧《滇西1944》的主要拍摄场地。目前，松山已成为集干部教育、国防教育、爱国主义教育、抗战文化教育、统战交流于一体的综合性教育基地。善洲林场，林场面积达5.6万亩，由原保山地委杨善洲老书记历时 20 余年，把昔日的荒山秃岭变成了生机勃勃的绿色天地，目前林场森林覆盖率达到了 97%。善洲林场先后被授予“国家生态文明教育基地”“云南省杨善洲精神教育基地”“云南省廉政教育基地”“杨善洲干部学院”“中国红色地标”等称号，林场内的故事林、陈列室、老窝棚、老场部等全方位地展示了杨善洲老书记清正廉洁、克己奉公的精神。目前善洲林场已经成为各级党员干部开展党性党风教育和理想信念教育的重要课堂，成为保山红色旅游的助推器。

参考文献：

［1］线世海：《保山文化史》，云南民族出版社，2004 年 3 月。

［2］耿德铭：《耿德铭文集》（第二卷），云南人民出版社，2015 年 7 月。

［3］《文化保山》丛书编委会：《文化保山·综合卷》，云南人民出版社，2013 年 10 月。

［4］侯德升：《龙陵黄龙玉鉴赏》，内部资料。

［5］唐定国：《新编保山风物志》，云南人民出版社，1999 年 4 月。

［6］丁仲、宋琨：《保山“永子”文化探究》，《保山学院学报》2015 年第 2 期。

［7］张山：《从“尚清”审美趣味看“永子”美学价值》，《保山学院学报》2014 年第 6 期。

［8］《文化保山》丛书编委会：《文化保山·综合卷》，2013 年 10 月。

［9］龙陵县文化馆：《龙陵县非物质文化遗产保护名录》，云南人民出版社，2015 年 1 月。

［10］太丽琼：《布朗族的民族认同和国家认同——基于对施甸木老元、摆榔乡的考察》，《贵州师范学院学报》，2014 年第 11 期。

五、当代文化

保山历史悠久，文化资源丰富，被誉为“滇西历史文献名邦”。新中国成立后保山文化建设取得初步发展，文化行政机构逐步完善，群众文化活动丰富活跃；进入21世纪后，通过实施文化体制改革和“农村文化设施改扩建工程”“民族民间传统文化保护工程”“群众文化发展工程”“文化艺术精品工程”“文化产业发展工程”等“十大文化工程”，保山文化呈现出欣欣向荣的面貌。

（一）文化事业初步发展

20世纪50年代，保山文化馆、图书馆、新华书店、电影院以及各类文艺演出团体相继成立，但由于经济不发达，群众文化推广普及难度大，文化事业发展缓慢。改革开放以后，随着经济社会的发展，保山市文化部门及广大文化工作者遵循“二为”方向和“双百”文艺方针，文化行政机构逐步完善，文化事业进一步繁荣发展，群众文化活动进一步丰富活跃。1981年8月，保山地区文化教育机构分设，地区和各县的文化局相继成立，对下属的文化站、文工团、电影公司、新华书店等加强领导，全区的文化艺术工作呈现了崭新的面貌。各种报刊杂志相继创办起来，1955年，《团结报》在保山创刊发行，这是云南省第一张民族文版报纸；同年，保山县委创办了《保山报》，同时《腾冲报》《保山师专报》《文明运输报》《保山科技报》《保山宣传报》等相继创办起来。在期刊方面，1990年底，保山已经创办的期刊有《活水》《保山师专学报》《保山民族研究》《地质风采》《保山文化》《腾冲文化》《龙陵文化》《昌宁文化》《施甸文化》等。省级以上出版的著作有保山市业余作家杨增洪、王韵凤夫妇创作的保山地区第一部纪实长篇小说《境外八年——一个偷越国境者的自述》，由解放军出版社出版发行；腾冲农民作家段培东所著的《剑扫风烟》；此外还有《边陲古道》《茶乡昌宁》《腾冲风情录》等，繁荣了边疆的文学艺术。在群众文化方面，从1979年建起第一个文化站，到1985年全区乡乡有文化站，形成了以农村文化站、室为枢纽的从城镇到乡村的文化管理网，城中建有工人文化宫、青少年宫、老干活动中心、县（区）电影院等，极大地推动了群众文化活动的发展。

（二）“文化保山”显成效

2001年保山市委、市政府结合保山实际，提出了全面实施“保山十大文化工程”① 的新思路，在全市大力倡导文化建设之风，深化文化体制改革，着力打造和建设“文化保山”，全面打开了保山文化建设的新局面，取得了可喜的成绩。

1. 文化体制改革不断深入

2004年，腾冲被列为全省第一批文化体制改革试点；2005年，保山被列为第二批云南省文化体制改革试点地区；2007年，保山被列为全国第二批改革试点地区。2005年，保山在全省率先完成了文化广电新闻出版职能合并、文化市场综合执法改革，实现了大文化管理格局；率先完成了

① 保山十大文化工程：“创先工程”“标志性文化设施建设工程”“农村文化设施改扩建工程”“民族民间传统文化保护工程”“群众文化发展工程”“文化艺术精品工程”“文化产业发展工程”“历史文化研究、保护和开发利用工程”“文化人才工程”“机制创新工程”。

电台电视台合并、新华书店转企改制、广电传输网络改革、电影放映体制改革等工作。2012 年，全面完成全市 6 个国有文艺院团转企改制，腾冲县腾越艺术团、龙陵县文工团划转为民族文化工作队；保山市艺术团和隆阳区、施甸县、昌宁县 4 个国有文艺院团注销事业单位建制，分别组建“保山天籁演艺文化有限责任公司”“保山市隆阳区永昌文化发展有限责任公司”“施甸县金布朗演艺公司”“昌宁县杜鹃文化传媒有限责任公司”，实现了经营性文化事业单位到文化企业的转变。在保山日报社、市广电总台、图书馆、市文化馆、市博物馆等公益性文化事业单位积极推行劳动、人事及分配制度改革，进一步扩大了事业单位内部分配自主权。2007 年《保山日报》在全省报刊质量综合评估中被评为最高级别（A 类）州市报；保山市广播电视总台制作的《记忆的伤痕》《大地之痕——一条路的传奇》《重走滇缅大通道》《松山，松山》等一批纪录片受到了社会各界的广泛关注和好评，其中《记忆的伤痕》先后获得 2005 年中国（广州）国际纪录片大会“优秀纪录片制作人奖”、2006 年度“中国十大纪录片”、2007年度中国广播电视最高奖——“星光奖”等奖项，《松山，松山》获全国优秀纪录片奖。2008年，市委领导在全国文化体制改革会议上两次就保山文化体制改革工作做交流发言。2012年，保山市被中宣部、国家文化部、国家广电总局、新闻出版总署表彰为“全国文化体制改革工作先进地区”。

2. 文化品牌和文艺精品推陈出新

文化品牌方面，打造了“中国第一魅力名镇——和顺古镇”“腾冲火山热海”等集文化、旅游、康体休闲于一体的知名品牌。在全国叫响了“中国翡翠第一城——腾冲”“黄龙玉之乡——龙陵”两大品牌。围棋“永子”实现了传统工艺的恢复和生产，受到了聂卫平、陈祖德等国际围棋界知名人士的高度评价，成为全市特色文化的重要载体。打造了滇西抗战文化品牌，举办中缅印战区学术研讨活动，建设了中国远征军198师抗战纪念公园，实施了国殇墓园系列改造工程、松山战役遗址的保护和开发建设、滇西抗战纪念馆建设。制定出台了《外来拍摄电影电视剧以奖代补实施办法》，吸引了全国的影视制作单位到保山拍片，

《杨善洲》《滇西 1944》《中国远征军》《玉道》《腾越殇魂》《茶乡法官》《大马帮》《滇西往事》《玉观音》《我的团长我的团》《翡翠凤凰》等数十部以集中展现保山历史人文特色为题材的优秀影视作品在中央电视台、地方卫视播出，极大地宣传推介了保山特色文化。特别是 2009 年播出的《滇西 1944》引发了龙陵旅游热，当年龙陵全县共接待游客 12.5 万人次，实现旅游业收入 1000 多万元，这在龙陵县是前所未有的。成功推出了“中国·保山南方丝绸古道商贸旅游节”“澜沧江啤酒狂欢节暨端阳花市”“腾冲火山热海旅游节”“昌宁千年茶乡商贸文化节”“中国保山·全国汽车场地越野锦标赛暨首届史迪威公路越野挑战赛”等节庆活动品牌，是保山文化交流、经贸、旅游的重要形式，也是促进经济社会发展和丰富群众文化生活的重要载体。

文艺精品方面，建立繁荣发展文艺奖励扶持机制，设立了“保山市文学艺术政府奖”、《高黎贡》年度文学奖，出台了《保山市“永子”文学作品以奖代补奖励办法》。文艺创作人才规模不断扩大，文艺作品的数量和质量不断得到提升，出版了《翡暖翠寒》《泥太阳》《红腰箍》《跳酒场》《云茶飘香》等一批具有广泛影响力的精品力作。《高黎贡》杂志在2008年“潇湘文化杯”全国内刊争霸赛中获得一等奖，根据小说《翡暖翠寒》改编的电视剧《翡翠凤凰》在央视和全国几十家省市电视台播出。以保山新农村建设为题材的小说《泥太阳》获2012年全国少数民族文学最高奖“骏马奖”，讴歌全国重大典型郑垧靖的报告文学《大地有多重》、歌颂杨善洲的《大道践行》、长篇叙事诗《公仆本色》分别荣获国家和省“五个一”工程奖。施甸县《笙声不息》获“第三届亚洲微电影艺术节金海棠奖”，保山学者耿德铭的《哀牢文化论》入编《云南文库·学术名家文丛》，舞台剧《永昌帖》《巍巍松山》《天地正气》实现公演，广场舞《跳起不怕脚鞳皮》和《闲着坐着腿两脚》受到群众欢迎，本土音乐人张学斌创作的公益歌曲《让爱滋润大地》被云南、湖南、天津等省级电视台播放广为传唱，交响音乐指挥家李心草在G20文艺晚会上大放异彩，夏侯建新、马骕、刘硕勋、范南丹等人的绘画、书法、摄影作品精彩纷呈。

3. 哲学社会科学繁荣发展

保山是马克思主义哲学大众化“第一人”艾思奇的故乡，具有良好的哲学社会科学发展基础，在广大社科工作者的共同努力下，保山哲学社会科学不断繁荣发展。学术文化网络基本形成。2006年保山市社科联成立，同时成立云南省社会科学院保山分院，2013年保山市率先在云南省完成辖区内所有县（区）社科联的设立，全市共有5个社科专业性研究所、8个研究基地和28个学（协）会，基本形成了覆盖各个社会领域、关注社会各个方面重大理论和现实问题的哲学社会科学网络。《保山学院学报》《保山社会科学》等刊物的办刊质量不断提高，其他近20个社科类行业内部刊物也各具特色，多层次的学术交流载体不断优化。社科人才队伍不断壮大。保山市委、市政府聘请了36名市内专家、学者作为云南省社科院保山分院的特约研究员，同时聘请了31名市外专家作为保山南亚研究专家组成员，指导保山哲学社会科学研究工作；保山学院、保山医专的成功升格，引进了一大批高学历、高素质研究人才，社科研究人才队伍整体水平得到进一步提升；

“十二五”期间，保山共有8个单位、9名同志被表彰为全国先进社科组织和全国社科工作先进个人。精品力作不断增多。通过开展保山市哲学社会科学优秀成果政府奖评奖及哲学社会科学课题资助工作，社科工作者的积极性被进一步调动，仅“十二五”期间，分别有9个、20个、130个课题获得国家级、省级和市级社科基金资助，提交社科咨询专报21期，其中有8期被市委领导批示，出版社科专著55部，其中耿德铭的《哀牢文化论》入选云南“学术名家文丛”。学术活动和学术交流日趋活跃。在开展好重大理论和现实问题研究的同时，不断拓展学术交流渠道，积极承办了“南亚论坛”“西南论坛”“云南论坛”“全国大中城市社科联工作会议”“全国县区社科联工作座谈会”“云南省社科学术年会”“云南省社科普及工作暨业务骨干培训会”“云南社科专家保山行”“全国党的群众路线教育实践与马克思主义大众化研讨会”“云南特色集镇建设与管理研讨会”和全国首个“杨善洲精神研讨会”等一系列国际性、全国性和全省性的学术工作交流活动，通过活动的开展，推动保山特色研究的形成，进一步提升了保山哲学社会科学研究的整体水平。社科科普不断拓展。全市有和顺图书馆1个国家级社科科普基地、腾冲滇西抗战纪念馆等4个省级社科科普基地，创办了“永昌讲坛”“善洲讲坛”“健康讲坛”3个规范性讲坛，充分发挥“艾思奇百姓宣讲团”“郑堉靖宣讲团”“一根丝宣讲团”的作用，进一步提高了群众的科学素养。

4. 公共文化服务体系不断完善

加大公共财政投入力度，市、县、乡、村四级联动，多方筹措资金，使各级的文化设施得到了全面达标提升。全面完成了市内7个图书馆、6个文化馆、8个博物馆、72个乡镇文化站等级化规范化建设，并全部免费向群众开放。实现农家书屋913个行政村全覆盖，建成5个自然村农家书屋，善洲、国门2个专题书屋，2个农场书屋，1个知青书屋。《村级文化建设模式创新与示范推广——文化惠民示范村建设模式实践与推广》入选2012年度国家文化创新工程重点项目，推出了“大村模式”“江东模式”“朝阳模式”“米果模式”四种村级文化建设模式。“十二五”期间，积极推进自然村（组、小区）级文化大院建设，促进公共文化设施网络由四级向五级延伸。建成了保山三馆文化广场、保山历史文化名人堂、腾越文化广场、滇西抗战纪念馆、松山抗战大遗址公园、昌宁县世纪广场、施甸县姚关镇乾元文化广场、杨善洲精神教育基地、永子棋院等一批标志性文化设施。实现了中央、省级卫视与地方自办节目的全覆盖，形成了有线电视、无线电视、卫星电视三种覆盖互为补充、互为延伸、互相促进的广播电视覆盖体系。

在不断夯实公共文化设施硬件的基础上，确立了“文化乐民、文化育民、文化富民”的目标。围绕“文化乐民”，深入开展全民文化系列活动，成立市群众演艺协会促进群众文化繁荣发展。913个行政村（社区）中，80%实现了“天天有歌舞”、100%实现了“月月有电影”、70%实现了“季季有比赛”和“年年有演出”、基本实现“家家有电视看”的目标。同时，借助“文化下乡”这一活动载体，以“送戏下乡”的方式丰富群众的文化生活，保山天籁演艺文化有限责任公司每年送戏下乡72场，观众每年达50多万人次。围绕“文化育民”，依托文化信息共享工程成立了“农文网培学校”，利用各级文化设施和各种文化活动提供主题文化服务，推广、推动全民阅读，基本实现“人人有书读”的目标。围绕“文化富民”，大力发展特色文化产业，主动融入市场，促进演艺产业发展。

2011 年，保山市被确定为云南省唯一的全国首批 31 个公共文化服务体系示范区创建单位之一。2012 年 9 月，大型群众歌舞节目《春暖保山》在北京展演，受到了北京社会各界来宾的高度评价。2013 年 8 月保山创建国家公共文化服务体系示范区工作顺利通过国家验收。

5. 文化产业蓬勃发展

文化产业发展环境得到优化。编制完成《保山市五大文化品牌规划》，制定出台了《保山市市级文化产业发展引导扶持资金管理暂行办法》，采取以奖代补、贴息等形式，为中小文化企业发展壮大提供强有力的支持，鼓励和吸引了大量企业和资金进入保山文化产业发展领域。依靠重大文化产业项目建设，不断加大招商引资力度，先后引进了昆明柏联集团、大港旺宝集团、世纪金源集团等大型企业参与市国有文化单位转企改制、文化旅游资源开发，实施了腾冲国际生态文化旅游区、保山奥新体育城、世纪金源旅游体育休闲中心、云峰山旅游景区等重大文化旅游开发项目，既解决了文化产业融资难、渠道窄等一系列问题，也让文化资源得到科学合理的开发和利用。依托保山作为翡翠文化的发源地、黄龙玉原产地、玛瑙重要产地、围棋永子的起源地和全省重要的珠宝加工集散地的优势，加快石产业发展，积极参加全国、全省举办的大型珠宝玉石展销和玉雕工艺大赛等活动，夺得各类全国金奖、银奖共计数百件，1 人获中国玉雕大师称号（全省唯一一个）、数十人获云南玉雕大师称号。把文化产业发展融入社会主义新农村建设，积极引导民族民间工艺进入文化产业发展领域，壮大文化产业规模，形成了以腾越园角刺绣工艺服饰公司为代表的“刺绣文化产业集群”“特色木制品生产加工集群”等六大农村文化产业集群。

6. 核心价值体系建设成效显著

2006 年，保山创造性地开展了以践行社会主义荣辱观为主要内容的万名老人讲和睦、万名妇女讲礼仪、万名少儿讲孝道的“三万三讲”促和谐活动，其中“万名少儿讲孝道”活动受到中宣部、中央文明委的表彰，获得全国青少年思想道德建设创新案例二等奖。在全社会广泛开展感恩教育，通过感恩宣讲、文艺演出、发放宣传手册，在保山日报、保山电视台、保山新闻网开设“感恩、知恩、报恩”媒体专栏，形成了浓厚的感恩教育宣传舆论氛围。在2012年度感恩之星评比活动中，评选出感恩之星70名，2014年开展“永昌之子”感动保山“十大杰出人物”评选活动，从各领域评出10名杰出人物，成为保山人的代表。以郑垧靖、杨善洲等先进人物为典型，开展学先进、改作风、促发展活动，郑垧靖先进事迹报告团、杨善洲先进事迹报告团先后到人民大会堂以及各省、市作巡回报告，各级党员干部和广大群众自发到保山善洲林场参观学习，进行现场教育，使保山成为共产党员宗旨教育、干部学先进促发展的重要教育基地。

7. 传统文化保护不断强化

保山在文化的发展、保护和传承上，一直都坚持发展和传承相互依托、保护和开发共存的原则，将传统村落的保护与开发纳入地方立法保护计划，探索研究适合传统村落保护发展、非物质文化遗产保护传承的对策，保山地方民族民间传统文化的保护和开发利用逐渐受到外界的关注和支持。至2016年底，共有102个村落入选中国传统村落名录，仅腾冲一市就有62个。越来越多的传统村落，连同地方的民族民间传统文化被更多的保护和宣传，这个保留着浓郁地方特色的城市，被越来越多的人所熟知。

国家级历史文化名村金鸡——古戏台

参考文献：

［1］云南省保山地区地方志编纂委员会编：《保山地区志（上、中、下三卷）》，中华书局出版社，1999年10月。

［2］肖正伟：《永昌文化史论》，香港天马图书有限公司，2001年5月。

六、走向繁荣

1949 年 11 月初，中国人民解放军滇桂黔边纵队西进部队第 3、第 6 团分别进驻保山、昌宁、腾冲、龙陵等县开展工作，中共滇西北地委派出工作组随军抵达各县，发动群众，建立武装，保山开启了和平解放的新篇章。新中国成立后，基层政权逐步建立起来，保山经济社会全面复苏，逐渐走向繁荣复兴的新征程。

（一）和平解放开新篇

解放初期，保山经济基础十分薄弱。经过土地改革、农业合作化等，以及“一化三改造”、一系列改革措施，保山人民积极投入到社会主义大生产、大改造中，修筑公路，开发热区，开展土壤改良和开荒造田、坡改梯、旱改水等农田基本建设，广泛发展种植业，先后新修了一大批水利工程设施服务农业灌溉，发展工业经济，使得保山的工业总产值占社会总产值的比重逐步加大，以手工业为主的工业经济成为支撑保山经济社会发展的第二大支柱产业。到1990年，保山地区社会总产值达到23.32亿元，其中农业总产值12.13亿元、工业总产值6.19亿元，工农业总产值占社会总产值的78.56%，经济建设取得了显著成就。

1. 农业迸发生机

（1）粮食种植。新中国成立后，保山专区专员公署内设建设科，主管农林、水利、交通、建筑、邮电等。20世纪50年代末，开始加快农业水利基础设施建设，建水库、治水患、防旱灾，以建设试验田、指挥田、样板田的模式推动水稻种植业发展。进入70年代，全区掀起了农田建设的高潮，每年冬春季节投入农田基本建设的农村劳动力达10万多人，最多时候达34万多人。70年代末，开始引进新品种，并结合商品粮基地县建设、以工代赈和以粮代赈的贫困县乡建设、滇西南开发、吨粮田建设，甘蔗、烤烟上山和中低产田改造，山、水、田、林、路综合治理和高产、稳产农田建设，整个保山坝区水稻种植面积达到14.5万亩，平均亩产连续超过千斤，在云南省名列前茅。1982 年，全区农村全面实行家庭联产承包责任制，农民的生产积极性被极大地调动起来，粮食产量得到了极大提升。1983 年亩产高达 1242 斤，创造了保山水稻亩产历史最高纪录，1988 年，保山被列为全国 10 个商品粮基地县之一，保山成为名副其实的“滇西粮仓”。

（2）热区开发。1952 年，昌宁县湾甸农场创建，随后 23 名男女青年奔赴昌宁枯柯坝，创建了全区第一个国营农场，开垦土地种植粮食和棉花，开始了枯柯、湾甸两坝的热区开发之路。同年年底，云南农业试验场芒市分场搬迁至坝湾乡独树村，改名为云南省棉作试验站，从事以棉为主的经济作物试验，为潞江坝热区开发奠定了基础。1954 年，保山、昌宁两县农民迁至枯柯坝及潞江坝定居，开始大规模移民开发，垦荒种植棉花。1955 年，人民解放军复退军人和保山坝、龙陵县农民以及由昆明知青组成的青年志愿垦荒队先后奔赴潞江坝，建立了军垦农场（后改称潞江农场），创办垦荒农业社和国营新城青年农场；随后，保山、昌宁两县移民 2000 多人下坝，建立枯柯坝 17 个移民垦荒点，开始大规模种植粮食、甘蔗、咖啡、胡椒、橡胶等经济作物。1960 年，潞江农场试验园咖啡亩产达 800.65 公斤，创当年世界咖啡亩产最高纪录。同年，保山县在潞江坝低热河谷区试种双季稻获得成功。1978 年，昌宁县棉花平均单产 42.8 公斤，居全省各产棉县之首，创造了一个奇迹。到 1990 年，“两坝（枯柯、湾甸）”、潞江坝两个热区的耕地总面积达到 25 万余亩，农民人均纯收入分别为 443 元和 557 元，成为保山的富庶之乡。如今，保山热区已成为甘蔗、咖啡、香料烟、胡椒、蔬菜、热带水果等重要经济作物的主产地，而潞江坝热区种植生产的国家地理标志产品——“保山小粒咖啡”更是获得国内外多项大奖，是全国乃至全球品质较好的咖啡之一，其口感可以与闻名世界的蓝山咖啡相媲美，品质享誉全球。

（3）水利建设。新中国成立后，保山开始大力兴建水利设施。1951 年底，保山专区各县、区、乡、村分别成立水利委员会，主管本地水利事宜。1958 年，动工兴建北庙水库，至 1962 年第一期工程竣工并开始蓄水，解决了保山坝区农业灌溉及人畜饮水难的问题。同一时期还先后兴建了大海坝水库、八〇八水库、河西水库、小海坝水库、三块石水库、大河水库等6座中型水库以及一系列水利设施，保障了保山人民的生产生活用水。

2. 工业基础初步确立

1950年，保山地区第一个国营企业——保山专区新华工厂建立，以制革、制鞋、制肥皂为主。随后，开始了规模化的工业建设，工业领域逐渐分科设厂。从1953年开始的第一个五年计划期间，先后兴办了糖厂、茶厂、针织厂、金属工厂、农具制造厂、火柴厂、造纸厂、锅炉厂、变压器生产厂、化工厂、拖拉机厂、汽车修理厂、印刷社和小水力发电站等工业企业，对一部分私营企业实行公私合营制，并组建了一批缝纫、造纸、五金、铁器、竹器、木器、藤器集体生产合作社，各个工业生产行业和供销社均设立生产科、生产股，负责组织手工业生产和加工订货。1952年底，保山地区工业总产值仅占工农业总产值的9.75%，至1976年，工业企业达291个，年产值超过百万元的产业有冶金、电力、煤炭、化工、机械、建材、森工、食品、缝纫、造纸9个，到1978年具备了一定的工业发展能力。

1985年，按照中央《关于经济体制改革的决定》，保山对计划、财税、金融、价格、劳动工资、外贸、物资等行业进行经济体制改革。1986年，开始建立和发展矿冶、造纸、边贸加工等骨干产业，对部分经营不善的小型企业进行关、停、并、转，推行厂长（经理）负责制，大力发展乡镇企业，允许和鼓励开办私营企业。1989年，保山行署出台《关于搞活重点骨干企业的决定》，进一步放宽政策向重点骨干企业"倾斜"，推动骨干企业快速发展。1990年，产值超过百万元的产业拓展至煤炭采掘、金属矿采选冶炼、木材及竹采运加工、食品饮料制造、电力、化工、医药、机械制造、交通运输设备制造等24个，初步形成了制糖、制茶、电力、采冶、食品、机械、烟草、纺织、化工、医药、建筑建材等30多个门类、60多种产品的新工业生产格局。1990年以后，调整结构发展"两烟"、蔗糖、食品加工、木材加工、建材（以水泥、石材为主）、水电、矿电结合开发硅、锌等相对优势产业，工业基础得到逐步巩固。进入1996年，工农业发展进入困境。2000年，以资产重组、关闭和兼并等措施，促使12个重点大中型企业得以脱困，实现了保山工业生产扭亏增盈的目标。

2015年，保山实现工业增加值135.9亿元，增速居云南省首位，规模工业企业达到172户，涉及农副产品加工、酒水饮料和精制茶制造、食品制造、烟草制品、纺织、木材加工、医药制造、工艺美术品制造、塑料制品等9类轻工业行业，煤炭开采和洗选、黑色金属矿采选、有色金属矿采选、非金属矿采选、化学原料和制品制造、非金属矿物制品、黑色金属冶炼压延加工、有色金属冶炼延压加工、电气机械和器材制造、电力等10类重工业行业，获准全国知名品牌创建示范区3个，其中高黎贡山（生态茶）、CY（永昌硅）、腾药等获得中国驰名商标。

3. 轻工业逐步壮大

（1）制糖业。保山市的白糖生产，始于1957年怒江糖厂的建成投产。但制糖工业发展缓慢，至1978年，仅有怒江糖厂、东风糖厂和湾甸糖厂3个企业，日榨甘蔗仅为1500吨。而到1991年底，蔗糖产业进入高峰，甘蔗种植大部分位于怒江河谷和枯柯河谷区域，整个地区的糖厂发展至22座（其中白糖厂16座，红糖厂6座），日处理甘蔗能力1.18万吨，主要生产白糖、红糖等蔗糖产品和酒精、白酒等副产品，年产蔗糖量居全省第二位，制糖工业总产值占当年全部工业总产值的26.88%，经济效益居全省之冠，保山成为云南省产糖量最高的县（市），蔗糖业成为仅次于粮食的第二骨干产业。2001年，龙陵县龙塘糖厂、勐糯糖厂合并组建为云南省龙陵县康丰糖业（集团）有限责任公司，2003年改制为以制糖业为主的国有民营企业，成为具有6个制糖公司的云南省四大糖业集团之一。至2005年，保山通过企业改制发展了昌宁县恒盛糖业有限责任公司、隆阳区保升龙糖业有限责任公司、龙陵县康丰糖业有限责任公司、腾冲县龙腾糖业有限公司4户糖业生产企业，日处理甘蔗达1.89万吨。

（2）精制茶加工。新中国成立后，农业合作化不断推进了新辟茶园的增加，保山除制绿茶外，开始试制少量红茶。1958年昌宁茶厂建成投产，开创了保山地区生产精制红茶的先河。在20世纪70年代中期，先后建立了龙陵县茶厂、湾甸农场茶厂和腾冲县茶厂等3座红茶精制厂。1978年，保山地委、行署把茶叶生产作为山区脱贫致富的一条重要途径，先后新建、扩建了一大批茶叶初制所和保山市沙坝茶厂等4座精制茶厂，大力支持茶叶产业发展。各个茶所普遍配备茶叶加工机械，茶叶产品质量不断提高，生产出的尼诺绿茶、里畿茶、里畿磨锅茶、腾翠、清凉山磨锅茶、小礼山茶、龙泉茶等精品绿茶和“滇红”精制红茶，深受国内外消费者的信赖和青睐。到90年代末，保山地区拥有成套机械加工设备的茶叶初制所455个，精制茶厂8个，年产茶6216.3吨（其中精制茶4204吨），主要茶叶产品有精制红茶、精制绿茶、青毛茶、红毛茶等，茶叶产品的销售量和出口量屡创新高，并获得多项国家级、省级荣誉。

昌宁是保山地区茶叶的主产县，荣获“2014年全国十大生态产茶县”荣誉称号。2015年，昌宁县昌宁红、高黎贡山普洱茶、黄梨坡红茶、清凉山曲峰茶4个品种入选全国“名特优新”农产品目录，高黎贡山千年古树茶茶砖荣获全国休闲农业创意金奖，昌宁红传世宁红红茶包装获全国休闲农业创意优秀奖。

（3）烟草制品业。新中国成立前，保山的烤烟种植面积有4000余亩，烟草业一度闻名于国内外。新中国成立后，由于农业生产结构的调整，大力种植粮食、甘蔗、茶叶等作物，烤烟种植面积逐年减少，甚至一度停种。1985年，随着农业产业结构调整，保山地区重新重视发展烟草产业，引进优良烤烟品种进行试种成功，随后引种香料烟成功。1991年以后，烤烟种植规模不断扩大，确立了烤烟在全省烟草领域的重要地位，被列为云南省优质烟草原料基地之一。1992年，保山地区烤烟种植面积突破35万亩，平均亩产烟叶143.83公斤，收购烟叶70.28万担，实现收购总产值10332.8万元，实现烟叶产品税收3978万元，财政收入3553万元，占1992年保山地区财政收入的20.8%，烤烟生产实现了历史性的突破。同年，试种香料烟259.4亩，收购香料烟叶10530.3公斤。随后，保山的香料烟因质量优良，被正式命名为“云南保山香料烟”，从研究开发转入基地生产建设，逐步进入规模发展阶段。

（4）纺织业。清宣统元年（1909年）保山成立了区域内第一家纺织企业——腾冲（和顺）织布厂，开启纺织业的规模化生产销售时代，纺织产品远近闻名。到1953年，保山地区从事纺织业已达23万余户，织机2.4万余台，主要生产丝线、棉线、袜子、背心、棉布、毛巾等产品。新中国成立后，保山纺织业得到政府的持续扶持推动，从1956年至1990年的三十多年间，相继更替成立了国营保山县蚕丝厂、地方国营保山县团结针织厂、地方国营腾冲县针织厂、昌宁县针织社、保山专区针织厂、保山民族手帕厂等多家纺织加工厂。1991年以后，由于经济结构调整，原材料价格上涨，纺织企业因产品积压、销路不畅相继停产或改制转产，保山的纺织业由繁荣渐入低谷。2001年6月，“浙桑入滇”“东桑西移”在保山投资开发建设了首家蚕桑基地和丝绸加工企业——保山利根丝绸有限公司，将本地纺织业向集蚕种制造、蚕桑生产、蚕茧收购、茧丝绸加工销售一体化转变。2006年、2007年，隆阳区连续被国家商务部列为“国家级蚕桑基地”。

4. 交通运输设施日益完善

解放初期，整个保山区公路通车里程仅有200余千米。1950年3月，西南运输公司下关联运站在保山设汽车运输站，负责保山专区（含今德宏州各县）的客货运输业务。同年 10 月，开始修复保腾公路，全长 150 千米，1952 年 10 月竣工通车。1955 年开始修复保山市至昌宁县公路，全长 108 千米，1956 年 10 月竣工通车。1950 年～1956 年，保山专署和各县设立交通科、建设科，负责规划和组织修建地方公路，配合管养公路和管理道路交通。1956 年 10 月，保山汽车运输总站成立，并兴修大批主要公路干线和乡村公路，基本形成了以保山为中心的地、县、乡、村 4 级公路网络。1958 年 4 月，保山民航成立，将原有的保山机场开辟为民用机场，并开通了全国第一条地方民用航空线——保山至昆明航线，全程 360 千米。1974 年，保山总段柏油队成立，开始大规模铺设柏油路。进入 80 年代，社会各界兴办道路旅客运输业，1988 年底，开始大规模的干线公路改建，进一步改善干线公路的交通运输条件。1990 年，经中缅双方协商，分别修复各自境内的中印公路。同年 9 月，昆畹公路保山过境线段改建工程竣工通车，成为 90 年代初境内技术等级最高的一段公路。1991 年 4 月，保山机场实施改扩建，并于 1994 年 6 月竣工复航使用至今。至 2001 年底，保山境内公路通车里程达9218.6千米，含国道、省道、县道、乡道及专用道，外接边境，内连市区，部分县实现公路村村通目标，省、市、县（市、区）属专营汽车运输企业和民用航空运输企业稳定运营，极大地促进了保山农业、工业、畜牧业和边贸往来、物流运输的持续发展。

5. 科教文卫事业进步

这一时期，科学、教育、文化、卫生事业不断取得进步。

（1）科学技术。解放初期，保山以农业和手工业为主，科技含量较低。1969年，首次设立地区科技组。1976年以后，保山地、县（市）先后建起了两极科委、科协等机构，负责科学技术管理工作，逐步建立科技推广和科普网络，科学技术研究不断实现突破。农业方面进行了良种选育及推广，先进实用技术引进及普及；工业方面进行了科技革新和技术改造，实施重点科技项目计划和星火计划，努力促进科技与经济、与工农业生产发展结合，并在地震、医疗、航空遥感等领域也获得了许多宝贵经验和成绩，获得一批科技成果。截至1990年底，保山共有400余项科技成果获得各级科学技术进步奖励，其中获省级以上奖励的有 82 项，省部级奖励 70 项，地厅级奖励 326 项。

（2）教育事业

学前教育。解放初期，各级人民政府根据“暂维现状，逐步发展”的接管方针，接管保山地区公办学校，确立了中国共产党对学校的领导权，学校教育得到恢复发展。但当时师生无统一教材，教学无计划，有一定的盲目性，幼儿学前教育基本处于起步状态，全区各县的幼儿教育多由小学附设幼儿班，分常年性和季节性办学，实行以不同情况分寄宿制、整日制和半日制的学前教育制度。1953 年，整个保山地区仅有幼儿园 5 所、19 个班次，入园幼儿 431 人。小学辐射学前幼儿班约 1800 人，全区幼儿受教育人数仅有 2200 人，教学内容主要是培养幼儿体格、语言、卫生、环境认知能力，学习音乐、美术、舞蹈等方面的简单技能，并进行简单、直观的爱国主义和公民道德教育。随着社会经济的迅速发展和对学前教育的逐步重视，保山市 2016 年的幼儿园总数已经发展到 615 所，2541 个教学班，幼儿毛入园率达到

71.27%，从事幼儿学前教育的专任教师有2705人，教学内容涵盖卫生习惯、体育活动、思想品德、语言、常识、计算、音乐、美术等，学前教育逐步实现规范化教学。

中小学教育。新中国成立以后，中国共产党接管了保山地区的全部公办学校，废除了国民党的教育制度，确立了共产党对全区学校的绝对管理权，学校得到了恢复发展。“文化大革命”前夕，保山结合国家出台的一系列加强教育事业的方针政策，大力发展教育。1964年，全区小学数量达到了4411所，适龄儿童入学率达到了62%。“文革”期间，教育发展停滞。十一届三中全会以后，知识分子政策得到了落实，教育地位不断被提高，1978年开始，对整个地区小学的发展和布点进行了全面的规划与调整，推行五年制与六年制小学并存，在困难山区先行开办四年

八十年代的保山城

制小学，普及小学教育及扫盲教育收效显著，初等教育普及验收水平超过国家标准。1996年，全市基本实现普及六年义务教育。2000年，保山基本实现普及九年义务教育，成为云南省率先实现“普九”的地州之一。

而这一时期，九年义务教育的普及，极大地推动了高中教育的发展，一些学校办学质量处于全省前列水平。

中高等教育。1905年，保山便拥有了专业的教师培养学校——永昌师范学堂，1969年更名为保山地区师范学校。1977年，保山地区恢复大中专升学考试制度，开始发展大、中专及职业技术教育，云南师范大学、昆明师范学院相继与保山地区师范学校创建合署教育，开办昆明师范学院（保山普通班）、云南师范大学（保山普通班）等全日制本科教育。1978年，经国务院批准，保山地区师范学校（合署）、昆明师范学院（保山普通班）合并，改建为保山师范专科学校，成为云南最早的四所师专之一。1992年更名为保山师范高等专科学校，具备了大学专科的自主办学资格。

1965年6月，创建了“保山半农半读卫生学校”，开创保山地区现代医疗卫生教育先河。1978年11月，更名为云南省保山卫生学校。2003年9月，保山卫校开始涉外招收留学生班。2006年2月，经国家教育部同意在保山卫生学校的基础上建立保山中医药高等专科学校，升格为全日制普通高等专科学校，招收专科专业13个，设6个教学单位，并有直属附属医院1所，非直属附属医院2所，教学医院8所。

职业教育。20世纪50年代后期，保山各县先后创办了一批农业学校，所收学生大多文化水平较低，教学以劳动为主，成为保山最早的职业教育形式，而后一度停办。1980年开始，中等职业教育大幅发展，先后开办9所职业中学，并在部分普通中学附设职业高中班，逐步建立起以中专、职业中专、技校、职业中学为骨干，各种实用技术培训班为网络的职业教育体系，开办远程教育、函授、自学考试、在职教育等成人教育科目。1982年，云南广播电视大学在保山开始办班，1984年成立工作站，1987年成立云南广播电视大学保山分校。建校初期，学校以挂靠办班、租房办学的形式，以广播、电视为手段，通过脱产、半脱产和业余学习等形式，积极开展联合办学，培养党政、经济、管理、教育、档案、医学、法律等紧缺人才。2003 年，保山电大在昌宁县、施甸县、龙陵县、腾冲市设置了 4 个县级电大工作站，成立保山旅游中专学校，开展中职办学，附设保山奥鹏学习中心、保山市普通话及计算机测试考点，为保山及临近州市培养了一大批“留得住、用得上”的应用型专门人才。2012 年 2 月，保山电大被中央电大评审授予“全国示范性基层电大”。

同一时期，保山 6 所职业学校、保山中等专业学校等一批职业技术类学校走上了职业教育发展正轨，为地方经济社会发展输送了一批批中、初级技能人才。

民族教育。这一时期，少数民族教育同样受到重视，省、市级财政拨付专款开办民族小学、中学民族班、师范民族班，在中专学校定向、降分招收民族学生，并给予少数民族学生生活扶持。1980 年，保山地区民族干部学校建立，少数民族干部的科学文化、政治理论和业务管理水平得到较达提高。1985 年，保山一中开办民族高中班，面向全区择优招收少数民族初中毕业生，并给予生活补助费支持少数民族学生接受高中教育，并开展养殖、种植、加工、修理、电工等几十种劳动、劳技项目，提高少数民族学生的学用能力。1988年，保山师范专科学校开办民族预科班，培养少数民族大学生。

（3）文化事业。这一时期，文艺创作进入高峰，地方民族民间传统文化也得到了空前的关注和传播。20世纪50年代初，保山便成立了文教科，主管文化教育工作。随后，地区、县级文化机构逐渐得到完善，有群艺馆、文化馆（站）、文工团（队）、电影公司、新华书店、文博所（馆）等，保山的文化艺术崭露头角。到90年代，市、县级文化部门分别创办“民族文化音像服务部”“文化服务部”“广告装潢服务部”“工艺美术服务社”等，开办民族民间文化艺术节，广泛开展“以文补文”活动，保山民族民间传统文化和一大批非物质文化遗产得到充分展现，地方文化产业欣欣向荣，一批批优秀的原创文学、艺术作品先后获得国家级、省级奖项。1996年6月18日，第四届滇西民族艺术节在保山拉开帷幕，来自大理、丽江、迪庆、怒江、德宏、临沧6地州及保山地区的艺术团体进行了地方民族特色文艺节目交流演出，向全省、全国人民展示了滇西各族人民的艺术风采。

（4）卫生事业。解放初期，保山贯彻执行中央关于“面向工农兵，预防为主，团结中西医，卫生工作与群众运动相结合”工作方针，开始整编医疗卫生保健机构，广泛发动群众开展除害灭病卫生运动，医疗卫生状况逐渐改善。1952年，保山卫生院扩建为专区人民医院，并新建保山县卫生院。此时，保山地区开始走集体办医道路，城乡普遍建立联合诊所，先后建立妇幼保健、卫生防疫、卫生教育、药政药检、中医中药专业卫生机构。随着保山卫生学校的开办，大力发展医疗卫生事业，形成了一个以城市为中心，遍布乡村的医疗、预防、保健、科研机构共同开展疾病防治的医疗卫生网络，并且在药材资源开发领域走上了企业化生产道路。

1992年，保山地委、行署顺应形势发展，按照建立社会主义市场经济体制的要求，农业生产连年实现突破，以农带工的轻工业优势得以充分发挥，乡镇企业发展速度跃居云南省前列。1998年6月6日，云南省政府首次在保山召开现场办公会，全面检查了保山地区“九五”计划前两年的执行情况，帮助保山分析面临的形势和困难，研究解决未来发展面临的重大问题，为保山的持续有力发展指明方向。至2000年，保山地区国内生产总值再创新高，达到70.42亿元，是1990年的3.02倍，是1952年的71.59倍，地方经济长足发展，商业、建筑、边境贸易等领域和科技、教育、医疗卫生、文化、体育等社会事业不断进步，保山地区改革开放取得了实实在在的成效。

（二）保山建市展新颜

保山自和平解放以来取得的发展成就有目共睹，“九五”成为保山市历史上发展最快的时期之一，为保山建市起航开了一个好头。2001年7月，保山设立地级市，成立保山市人民政府，形成了以隆阳区为中心的市管县（区）新格局。7月9日，中国共产党保山市第一次代表大会召开，提出紧紧抓住国家西部大开发和云南建设绿色经济强省的机遇，实施振兴工业、城镇化、科教兴保和可持续发展战略，实现建设“云南重要特色农业生产加工基地”“中国通向南亚陆路大通道”“云南精品特色旅游区”三大目标，开始了新一轮的产业结构调整和优化，从交通、能源、农业、产业发展、经济体制改革、对外开放、科技、教育、文化、医疗、社会保障等方面提出了新的战略任务，促进保山经济体制转型升级。

1.“滇西粮仓”续写辉煌

保山以得天独厚的自然条件和地理优势，以保山人世代勤苦耕耘祖国西南边陲的坚韧精神，赢得了“滇西粮仓”的美誉。随着农业科技的普及推广，粮食高产稳产区板桥镇种出平均亩产1514斤水稻的高产纪录，并且涌现出一批科学种田能手，被相邻地州农友竞相聘为“土专家”和“技术顾问”，提供水稻种植实践指导。2008年秋收，保山市粮食产量首次突破百万吨大关，总产量达104.4万吨；隆阳区（保山坝）承担的农业部水稻高产万亩示范区平均亩产更是高达1554.54斤，水稻生产技术水平跻身国家粮食生产技术前列。2009年，保山又成为云南第二大油菜种植区；2015年，保山市粮食总产143.2万吨，实现“十二连增”。现在，保山市隆阳区已成为国家滇西农业综合开发区和全国十大粮棉大县（区）之一。

2. 旧城改造和新区建设

“十二五”期间，保山以“美丽保山、宜居保山”为主题，大力实施城市新建和改造，2013年10月，保山市委、政府出台了《关于进一步完善保山中心城市规划建设管理体制的意见》，对城市规划、建设管理体制进行全面改革，开始新一轮旧城改造和新区开发建设工作。2014年3月，经云南省人民政府批准，《保山城市总体规划修改（2013—2030）》正式实施，围绕“上山、保田、围湖、活城”的指导方针，在保山市级行政中心隆阳区坝区布局山地为主的城市新区，原有老城区和北城区组成老城组团，新增青华湖、青阳、小栗园和云瑞4个组团，在青阳组团开发建设保山工贸园区启动区，统称为保山中心城市，同时实施了一系列省、市级重点工程建设项目。

老城屡换新装，展现出一个全新的“七十二街”“八十四巷”和内外“八景”。至2014年，保山对北城区五条道路、老城区人民路、永昌路、保岫路等城市主干道实施了升级改造，完成了青阳、青华湖片区“一湖四路”、沙丙公路、四个安置小区道路配套等新区路网体系建设，实施东城区东河治理和景观改造，并加大固定资产投资建设，着手实施新区13个市政道路项目建设。改造后和新建设的城市主干道更加宽阔通透，城市交通压力也得到了有效的缓解，是保山解放、建市以来，最大规模的城市道路交通体系建设工程。2016年，随着保山坝区“三个万亩工程”（即万亩青华海生态湿地恢复工程、万亩生态观光农业园工程、万亩东山生态恢复工程）项目的实施，北城区义乌国际商贸城、五洲国际广场等大型城市综合体相继建成运营，青华湖片区永子棋院、青华海生态公园西湖建成开放，青阳片区“一院三校”迁建项目和红花棚户区改造建设项目进入尾声，外来企业陆续入驻保山工贸园区，激活园区经济，保山中心城市“双城联动、产城融合”的崭新面貌已经初具雏形。

3. 棚户区改造

为了解决在城市新区建设中被征地拆迁户的住房问题，保山市委、政府果断决策，多次与国家开发银行协商，获得148.88亿元的棚户区改造项目贷款，实施了云南省最大规模的城市棚户区改造项目——保山中心城区棚户区改造建设，对保山中心城市青华湖、青阳、下村、红庙及火车站周边 5 个片区实施改造，新建棚户区改造安置房 28344 套（户），总投资 167.26 亿元。在改造安置过程中，以“被征地农民同城就业、农民就地市民化”的棚户区改造“保山模式”，对被征地拆迁改造群众实施跨区域安置的创新政策，并相继被省内其他州市借鉴采用。2014 年 10 月，《保山市 2013—2017 年中心城区棚户区改造实施办法》出台，城市棚户区改造实施得到规范、有序的政策保障。规范、完善的棚户区改造措施，使昔日坝区散落凌乱的小村庄被设施齐全、生活便利、环境优美的新型社区取代，被征迁群众都在承诺期内选到了自己满意的住房。此外，龙陵县、施甸县、腾冲市、昌宁县实施棚户区改造项目 5974 套（户），项目总投资 48.72 亿元，获批国家开发银行棚户区改造项目贷款 43.65 亿元，4 县（市）的棚户区改造项目都在按计划稳步实施。

4. 交通事业快速发展

进入新世纪，交通基础设施建设成为保山交通事业发展的重心，航空客运新辟航线，国家高速公路和铁路、市域内高速公路的建设成为交通建设的重点。2002 年 9 月 29 日，在西部大开发中建设的国际大通道大理至保山段国家高速公路（大保高速公路）建成通车，与楚大高速相连，保山至省会昆明至上海实现高速公路全覆盖。2005 年 4 月 28 日，南航广州——保山航线首航成功，翻开了保山航空史新的一页。2007 年 3 月 20 日，大瑞铁路建设动员大会在保山召开，大瑞铁路建成后将填补滇西铁路空白，对开创保山铁路建设新纪元、构建第三座欧亚大陆桥发挥重要作用。2008 年 9 月 8 日，国道 G56 杭瑞高速公路保山至龙陵段（保龙高速）竣工通车。2009 年 2 月，

大理—保山高速公路

腾冲驼峰机场建成通航，成为距离国境线最近的民用航空机场之一，保山成为中国为数不多的拥有两个民用机场的地级城市。2013 年 2 月，保腾高速公路镇安至腾冲段竣工通车。至此，保山市 3 个县（市、区）直通高速公路，72 个乡镇全部通沥青或水泥路，913 个建制村公路通达率 100%。2016 年 4 月 20 日，亚洲山区跨径最大的钢箱梁悬索桥——保腾高速龙江大桥建成通车，成为连接着“孟中印缅经济走廊”的“云中之桥”，大桥建设实施了 5 项技术创新和 20 余项技术攻关，为国家相关领域技术研究提供了宝贵的科学数据。2016 年 11 月 15 日，在建的大瑞铁路澜沧江特大桥钢管拱实现高精度合龙，采用的“二次竖转”施工法为世界首创，同时创造了三项“世界第一”的建桥记录，是当前我国安全风险等级最高的在建铁路桥梁之一。

至 2016 年末，保山公路通车总里程达 13488.8 千米，保山至腾冲猴桥铁路项目纳入国家铁路“十三五”规划。在云南省“五网”建设的大背景下，2016 年开始实施保山至昌宁县、保山至施甸县 2 条县域高速公路和腾冲至猴桥国家级口岸连接缅甸的高速公路建设，建立保山连接境内外的交通枢纽。

5. 西水东调工程

受近年来反常气候的影响，隆阳区坝区粮种基本农田、优质烟叶生产基地的农业生产和坝区群众生活用水日趋紧张。2012 年 4 月 20 日，国家烟草专卖局投入 3.16 亿元定额援建的“中国烟草保山市隆阳区西水东调工程”正式开工建设，成为新中国成立以来隆阳区最大的一项水利基础设施项目。西水东调工程分为水源工程、引水输水工程、枢纽工程和灌区工程 3 部分，在保障当地生产生活用水的情况下，可为东部灌区调水供水 2300 万立方米，灌区范围涉及隆阳区坝区汉庄、河图、辛街、西邑四个乡镇，为保山工贸园区提供生产生活用水，并且为保山中心城市 20 万居民生活用水提供后备水源。2014 年 4 月 25 日，西水东调主体工程基本完成，迎来试通水，意味着该项工程已经进入发挥实质效益的阶段，项目计划于 2016 年底全面竣工并投入使用，实现工程项目区 10 万亩中低产烟田集中灌溉，有效连通项目区内的各类可用水源，改善本地水利条件。

6. 城市地下综合管廊建设

2013年，保山在全省率先在中心城区保岫东路、青堡路、永昌路、南城大道实施城市地下综合管廊建设，将城市强弱电、供水、排污、燃气等地下管线统一纳入综合“管理”，保障城市运行，避免洪涝灾害在城区内出现。由于国内现行管理体制、投资模式等原因限制，综合管廊相关规范标准不完备，管廊规划设计没有经验可借鉴，在建设初期遇到很多困难和问题。为了推行项目顺利实施，制定《保山综合管廊规划建设技术导则》，明确各类管线在每条道路下的管线规模与空间布局，并规划协调各类管线布局间相互关系，在留有余地、适度超前、满足远期需求的原则上指导开展综合管廊规划建设工作，为全国提供了可借鉴的经验。在建设中，突破了规划设计、筹资招商、管线入廊、建设偿债4个难题，被称为埋在地下的“百年政绩”工程。

2014年12月，保山出台《关于加强城镇地下综合管廊建设工作的意见》，紧跟国家政策步伐，将城镇综合管廊建设纳入城镇基础设施建设计划中，并计划在2013～2030年期间，建设中心城市综合管廊200.42千米，监控中心4座，同时在4县（市）城区内及国家级重点镇、中心镇推广地下综合管廊建设，推进建制镇缆线沟建设，在全市范围内建成比较完善的城市地下管线体系。

2016年5月，保山作为云南省唯一地下综合管廊项目参评州市，以优秀的成绩，成为全国15家地下综合管廊试点城市之一。保山中心城市已经建成综合管廊31.78千米，完成投资15.7亿元。在中心城市的带动下，市域内4县（市）也先后开始综合管廊规划建设工作，成为云南省率先在县乡级城镇区域内普遍开展城市地下综合管廊建设的州市。保山再次在国家大力推进城市地下综合管廊建设政策下走在云南前列，成为“排头兵”。

7. 教育呈现多元化发展

建市以来，保山的教育呈现出多元化的发展势头。2003年，保山进一步优化了教育资源配置，实施大中专学校整合改革、中小学校改扩建和适当收缩校点的教育新政，使得办学格局更加合理，教育教学质量明显提高。2009年4月，保山师范高等专科学校经教育部批准升格为本科院校，更名为保山学院，设14个二级学院（部），有30

个本科专业和30多个专科专业，全日制在校学生达8600多人（含留学生），逐步发展为具有一定科研基础，办学综合实力较强的全日制本科高等院校。

2010年，保山充分整合教学资源，把区域性职教中心建设成为保山职业教育工作大格局，筹建保山高等职业技术学院（保山技师学院），利用紧邻保山工贸园区的优势，使企业资金和技术进入学校，加入学校专业培训，根据需求为企业定向培训专业人才，实现校企合作、产教融合，培养生产服务一线高素质劳动者。同时，在青阳片区建设保山市职教园区，并列入云南省重点建设的州市职业教育园区，规划入驻保山中医药高等专科学校、保山中等专业学校（保山市技工学校）、隆阳区职业技术学校、云南电大保山分校（保山市旅游中专学校）、保山教师继续教育学院等11所学校。

2012年3月，经云南省教育厅和保山市人民政府批准，在保山电大基础上试点建设云南开放大学保山开放学院，充分依托云南开放大学的平台、资源等优势，构建终身教育服务平台。10月

26日，保山开放学院挂牌成立。2013年5月，保山学院从原艺术学院宝玉石系基础上成立了珠宝学院，以全新的人才培养模式和人才评价体系，培养品德高尚、基础扎实、有创新能力、设计能力、动手能力、审美能力的工艺美术高级人才及中小企业家，为保山构建云南领先、全国知名、服务地方、辐射全国的特色产业教育奠定了基础。2015年3月，保山中医专成为云南省特色骨干高等职业院校建设计划院校。同年7月，加入“中医药保健服务国家标准研发及专业人才培训基地”联盟。至2016年，保山市有普通高完中32所，其中一级完中达到8所，普通高考总上线率为98.2%，高于云南平均水平3.42个百分点，连续9年超过云南省平均水平；保山一中、腾冲一中荣获2015年云南省一级完中教学质量综合评价二等奖，上海同济大学“教育教学综合改革试验基地”在腾冲一中挂牌，给予腾冲考生优惠政策。在实施教育创新的同时，全市中小学校积极开展语言文字示范学校和书写教育特色学校建设，并且以保山中心城市——隆阳区为首，申报国家二类城市语言文字规范化建设通过评估验收，为保山经济社会实现跨越发展创造了一个良好的语言文字环境。这一年，全市各级各类学校已发展至 1676 所，在校学生达到 45.92 万人，教职工突破 2.76 万人，职业教育不断向地方产业发展道路靠拢，逐渐走向特色。2016 年 3 月 2 日，滇西应用技术大学珠宝学院在腾冲开工建设，保山珠宝专业群建设、培养高层次创新技术技能型人才的滇西特色化教育实现转型升级。3 月 4 日，保山市第一中学青阳新校区正式建成投入使用。

党的十九大报告指出，建设教育强国是中华民族伟大复兴的基础工程，必须把教育事业放在优先位置，深化教育改革，加快教育现代化，办好人民满意的教育。要全面贯彻党的教育方针，落实立德树人的根本任务，发展素质教育，推进教育公平，培养德智体美全面发展的社会主义建设者和接班人。推动城乡义务教育一体化发展，高度重视农村义务教育，办好学前教育、特殊教育和网络教育，普及高中阶段教育，努力让每个孩子都能享有公平而有质量的教育。完善职业教育和培训体系，深化产教融合、校企合作。加快一流大学和一流学科建设，实现高等教育内涵式发展。

保山和平解放60多年来，在现代教育事业发展中，不断加大教育基础投入，致力完善小学、中学、大学和职业教育体系，表现了保山实施实用性人才培养计划的决心。教育事业的稳步前进，为保山经济社会的繁荣发展做出了突出的贡献。

8. 创新驱动科技发展

围绕调整产业结构，打造经济发展新的增长极，争当转方式科技排头兵，保山致力于发展科技创新驱动，带动地方产业转型升级。2014年，腾冲经开区获批云南省高新技术产业开发区；保山路华能源、保会通软件、古林木业等7家企业获国家高新技术企业认定，坤茂绿色产业公司获省级创新型试点企业认定，腾药制药公司、永昌铅锌公司获云南省科技小巨人企业认定，保山市硅产业高新技术特色产业基地获省级认定，新增云南省重点新产品5个，市级重点新产品6个。2015年，保山工贸园区被省政府认定为云南省高新技术产业开发区，隆阳区农业科技园区获得国家级农业科技园认定，腾冲可持续发展试验区获得云南省认定，实现科技创新平台的重大突破。

仅2015年，获高新技术企业认定户数17户，总数达30户，居云南第7位；获云南省科技小巨人企业、创新型试点企业、科技型中小企业等认定115户；新增云南省农业科技示范园、优质种业基地、科技型农村经合组织等33个；获云南省国际科技合作基地、“云药之乡”、重点新产品等认定19个，在科技创新平台建设方面取得显著成效。同时，国家科技部在科技建设人才方面给予保山强有力的支持和帮助，先后选派了307名“三区”科技人员赴保支持和帮助开展科技创新工作。

2015年10月，保山出台《关于建设滇西边境中心城市的意见》，提出抢抓国家实施“一带一路”、孟中印缅经济走廊建设战略机遇，主动服务和融入国家“一带一路”战略，优化开放格局、创新开放体制，提升城市旅游品牌影响力，建设温泉之都、珠宝之都、休闲之都，推进城镇体制创新、城乡区域结构优化、城乡基础设施和公共服务设施改善、人居环境生态和谐、城镇产业支撑和可持续发展能力增强、城镇绿色健康发展，推动保山全面深化改革开放、经济社会转型升级、产城融合稳步有序，实现经济持续增长、文化事业繁荣、人民生活水平稳步提高、社会和谐稳定、跨越发展。

（三）产业发展奠基础

保山历来是农业大市，农业在国民经济占据了重要比例。随着产业结构的不断调整和经济结构的不断优化，三次产业在国民经济中的比重逐渐改变，第三产业取代了第一产业在国民经济比重中的派头位置，第二产业的比重也逐渐上升，发展第二、三产业，增加产业比重，对保山的社会经济发展显得尤其重要。

在 2006 年 ~ 2010 年的 5 年间，保山不断优化经济结构，农业向市场化、产业化迈进，多种所有制工业和建筑业大力发展，建材产品、硅产品、机制茶、啤酒、电力等工业发展快速，造纸、锌冶炼工业焕发生机，中成药技术升级、扩大生产规模，固定资产投资向交通、能源（电力）、农业、水利等基础设施和教育、卫生、文化、电信传媒等社会公共服务设施建设倾斜，第三产业服务市场的功能和服务内容得到扩展。2010 年，保山提出“农业产业化、新型工业化、旅游国际化、城乡统筹化”的发展思路，以“四化”的实施，助推三次产业实现互融互通。

2012年，中共保山市委三届三次全会报告指出，做大做强高原特色农业、生物制药、新能源、建材、旅游、商贸物流、高技术服务七大产业，发展壮大五大产业园区，加快培育五大文化品牌，打造三张旅游名片，是保山未来几年社会经济发展的主力军。

2015年末，保山完成国民生产总值552亿元，同比增11.5%，增速居云南首位；完成规模以上固定资产投资500亿元，增30%，同样处于云南领先地位，保山进入跨越发展时期。

1. 建设特色产业基地，打造园区经济

2007年，保山工业企业布局开始向工业园（片）区集中，逐步培育壮大了能源、化工、建材、冶金、农特产品加工等优势产业，食糖、酒精、原煤、水泥、铅、归等主要工业产品的产量大幅增长。

2008年7月，保山开始探索地方特色经济园区的开发建设，统筹配置全市资源要素，采取市县（区）共建的原则，以构筑生物化工、冶金、建材、新兴产业、现代物流产业等主导型产业体系为宗旨，建立市级工业园区，培育具有核心竞争力的企业群体，开发建设保山第一个产业布局相对集中、集聚效应明显、特色突出的生态工业园区、中国沿边开放的现代大型物流园区和云南桥头堡建设的重要生产加工基地，相继建立以发展工业生产为主的保山工业园区（后更名为保山

保山工贸园区生产车间

工贸园区）、保山市水长工业园区、腾冲工业园区、龙陵工业园区、昌宁工业园区，以发展旅游服务业为主的高黎贡山旅游度假区，以发展对外贸易为主的保山市腾冲猴桥边境经济合作区，7 个产业园区在空间布局和产业定位上形成特色鲜明、错位发展、协调发展、科学发展的格局。

保山水长工业园区以钢铁、建材、化工、有色金属等重化工产业为主，依托大瑞铁路蒲缥货运站，建立重化工、石材、建材产品物流交易中心，重点打造蒲缥石材园区，水长绿色建材园区及配套产业。保山工贸园区依托保山东城区建设，利用大保、青蒲、沙丙公路网络集结中心的优势，相继引入大型企业入驻，打造产城融合的基地，重点建设保山轻纺园区、木材加工区、云计算产业园及电子技术信息产业基地、装备制造业基地，建立滇西职教中心人才基地，承接东部产业转移物流基地，以工业化和信息化的发展，带动保山中心城市城市化的发展。高黎贡山旅游度假区依托美丽富饶的潞江坝高原特色农业和旅游观光资源，发展生物资源加工、旅游产品加工产业，以工业化的理念谋划农业产业化、基地化发展，形成集种养和产供销一体化发展的庄园特色模式。猴桥边境合作区依托口岸优势，发展加工机电组装、物流、仓储保税等产业，构建面向南亚、东南亚的边境经济合作区，在国家实施“一路一带一廊”战略中，将为保山先行先试、争当桥头堡排头兵发挥作用。腾冲工业园区围绕腾冲县城的扩充和发展，对园区进行提升改造，以生物资源加工、木材加工、机电装备制造等转口贸易和物流为重点，使之与猴桥边境经济合作区形成一个优势互补的带状经济圈。龙陵工业园区充分利用中缅油气管道在龙陵开口设站的优势，发展高档陶瓷、高档玻璃等以天然气为燃料的环保产业，对以优质硅石资源为原料的硅产业发展提质降耗。昌宁作为生物资源加工园区依托茶叶、核桃、养殖等生物资源，打造昌宁红、摩尔农庄、福润等高原特色名优产品品牌。

2012 年，保山出台《关于推进保山市水长工业园区、保山工贸园区、保山市高黎贡山旅游度假区实体化管理的决定》，保山工贸园区、保山水长工业园区、保山市高黎贡山旅游度假区和保山市腾冲猴桥边境经济合作区实行市属市管和“市县共建、以市为主”的体制，园区管委会与乡镇“二合一”管理。2015 年，保山工贸园区、腾冲经济开发区被省政府认定为省级高新技术产业开发区。

2.“两烟”基地带动地方收入

2001 年以来，保山在农田建设、培育基地、科学种田、调整结构方面不断深化改革，“二元农业”向粮食作物、经济作物、饲料作物3大类为主的“三元农业”转变，烤烟类经济作物成为保山农业发展的主力之一，烤烟、香料烟的种植品质和生产技术占据云南省的重要地位，处于全国领先。2005年，保山市建成9个香料烟基地（乡）镇，香料烟质量被一致认为可排全国第一，国内外知名，香料烟生产规模最大、质量最好、出口最多。2007年，保山成为云南省八大优质烤烟生产基地之一和全国最大的香料烟生产、加工、出口基地。2015年，保山已有58个乡镇521个村种植烤烟，种植面积44.21万亩，收购烤烟128.22万担、香料烟32.64万担，实现两烟销售收入67.13亿元、烟农收入20多亿元、税利29.5亿元，并有3项发明获得国家专利授权，多项烤烟科技项目获得国家、省、市级科学技术进步奖。“两烟”成为保山农民稳定增收支柱产业之一。

3. 农业生产展现地方特色

1970年，保山专区规模种植橡胶区纬度为中国橡胶区最北点，开创中国橡胶史上的奇迹。80年代以后，结合商品粮基地建设、以工代赈、扶贫攻坚和滇西南农业综合开发，保山先后建成了一批国家级和省级商品粮生产基地、蔗糖（糖料）和蓝桉生产基地、茶叶出口基地、咖啡生产基地。1990 年后，保山地区农业自然划分为 4 个区，海拔 2200 ~ 3700 米的高山宜林宜木区；海拔 1400 ~ 2400 米的中低山、丘陵宜粮、牧、茶、烤烟区，并成为粮、茶、烤烟基地；海拔 700 ~ 2000 米的宜粮、油、豆坝区，并成为粮食主产区；海拔 700 ~ 1500 米的宜粮、蔗、咖啡、胡椒、热带水果区，并成为蔗糖基地。2004 年，本地发展种植的 5 大类粮食作物和 10 余类经济作物市场需求稳定，花卉、亚麻、山葵等新植作物及山珍野菜也开始成为新增农业产业，传统农业完成了产业转型升级，向原生态特色农产品深加工道路发展。

保山以“立体农业气候”的特点大力发展高原特色农业产业，境内农业适种区划分为地热河谷类型区，温暖中山、盆地类型区以及温凉、冷凉中、高类型区，开发研究适宜种植作物，探索建立与之相适应的农业经济发展模式，开垦优质茶园，发展种植粮油、茶叶、蚕桑、甘蔗、咖啡、果蔬、核桃、花卉和中药材等特色经济作物，大力发展经济果林和林下经济，实现特色农业产业化。2012 年，保山市级农产品检测中心建成运行，通过农产品“三品”（无公害农产品、绿色食品、有机食品）认证企业 58 家 92 个产品，认证基地面积达 288.1 万亩，水果、蔬菜抽检合格率达到 98.5%。

2015 年，保山实现粮食总产 143.2 万吨，连续 12 年增长，人均占有粮食居全省第一，农村居民可支配收入超过全省平均水平；两烟、畜牧、核桃、石斛、茶叶、蚕桑、咖啡、中药材、食用菌、糯橄榄、红花油茶、水果等地方特色农业实现产业化生产。以农业为基础的重点龙头企业发展至 223 户（其中国家级重点龙头企业 1 户，省级重点龙头企业 49 户，市级重点龙头企业 173 户）；有新型农业经营主体 8873 个；成立农民专业合作社 1938 个，认证国家地理标志证明商标 20 件，完成 15 个全国农业标准示范区建设，数量为云南第一；一些名优产品品牌如比顿咖啡、和美咖啡、高黎贡山生态茶叶、极边乌龙等，相继进入电子商务渠道，广泛对外销售。同时，保山市被列为全国 17 个新型职业农民培育示范市之一，隆阳区被国家农业部认定为第三批国家现代农业示范区。

农业生产上实现了农民和企业联动生产，在农机装备技术、安全生产、农业技术培训、农产品质量安全、农业基础设施建设、农产品推介、农业信息宣传、农业科技队伍建设、农业生产监督检查等方面形成完善的管理体制。

4. 全域旅游助力地方跨越

保山旅游业始于“七五”中期，大致经历了4个发展阶段，随后逐渐发展壮大。“十五”期间，保山开始实施旅游发展倍增计划，以已开发的热海景区、火山景区、和顺侨乡景区、邦腊掌景区为产业支撑，开辟旅游环线，依托温泉、高黎贡山、滇西抗战文化、南方丝绸古道等资源，打造全新旅游产品，开发出温泉旅游、高黎贡山生态旅游、滇西抗战旅游、边境旅游等特色旅游产品，旅游业由“事业接待型”向“经济产业型”升级转变，呈现出旺盛的生机与活力。2004年，保山建成国家4A级景区1个，3A级景区1个，2A级景区8个，腾冲和顺侨乡、北海湿地等39个旅游景点。

进入2011年，保山把旅游产业与文化产业协同发展放在突出位置，不断加大旅游基础设施建设投入，扩大延边开放，制定旅游产业发展五年规划和一系列旅游景区总体规划，开发建设了一批各具特色的旅游小镇和美丽乡村，打造出具有旅游竞争力和旅游认知度高的美丽宜居乡镇，腾冲和顺镇、固东镇、隆阳潞江镇先后荣获“全国宜居小镇”称号。在旅游宣传上，借助中国昆明国际旅游节保山分会场、西南经济区市长联席会、世界云南同乡联谊会、腾冲火山热海旅游节、南方丝绸古道商贸旅游节、澜沧江啤酒狂欢节、保山端阳花市等大型节庆活动，开展媒体宣传、业界考察、投资签约、自驾体验等活动，打造多元化的旅游体验。

2012 年 3 月，保山市腾冲县被国家旅游局确定为全国标准化工作试点县，保山市制定《保山市推进旅游标准化工作的方案》，在旅游服务行业全面推行标准化服务。也就在这个月，保山依托“史迪威公路”品牌，举办了“2012 中国・保山全国汽车场地越野竞标赛暨首届史迪威公路汽车越野挑战赛”及国际摄影大赛，保山的知名度进一步扩大。9 月 18 日，保山市腾冲县固东镇江东银杏村在第五届中国生态文化高峰论坛上，被授予“全国生态文化村”称号。

2013年，保山以温泉、珠宝玉器等地方特色旅游产品为依托，着力打造“温泉之都、休闲之都、珠宝之都”三张旅游名片，配套实施14个旅游开发建设项目，与东方通用航空公司合作开发航空旅游产品，开发建设空中游览怒江大峡谷、腾冲火山群国家地质公园等旅游项目，引进户外旅游开发公司到高黎贡山建设森林帐篷旅馆。10月，边境旅游异地办证通过国务院验收组的检查验收，12月16日，正式启动保山边境旅游。

2014年，腾冲火山热海旅游景区被评定为国家5A级旅游景区，以旅游企业带动旅游发展，把腾冲火山热海景区综合配套及改扩建项目、隆阳区蒲缥温泉旅游度假区建设项目、“天下和顺”等项目推荐为云南省高成长性示范带动项目和龙头企业。同时，施甸姚关镇陡坡村、隆阳区瓦房乡水沟洼村、昌宁湾甸乡上甸村被推荐成为2014年度云南省级民族特色旅游村，并且推荐了一批美丽乡村旅游扶贫重点村，乡村旅游成为保山旅游特色的另一个切入点，与国家新型城镇化和美丽宜居乡村建设工作同步开展。这一年，与东航合办“保山旅游文化宣传月”活动取得显著成效，各种国内、国际大型活动相继在保山举行，保山旅游业逐渐打开了国内市场，面向国际。

2016年，云南省提出全域旅游发展战略，保山随即出台了《保山市推进全域旅游发展10项重点工作实施方案》，从创建腾冲市全域旅游全国示范区、建设中心城市“三个万亩工程”、推进保山、腾冲两个机场管理体制改革、建设10个万亩规模观光农业项目、建设10个特色旅游小镇建设50个美丽宜居乡村、建设干部教育红色旅游环线、提升创建A级景区、高黎贡山旅游度假区全域旅游发展以及提升旅游公共服务设施建设水平等10个方面，贯彻落实全域旅游发展战略，推动保山旅游产业实现转型升级。

（四）面向南亚促开放

作为“古代丝绸之路”的重要驿站，保山进出口贸易历史较早，主要集中在腾冲、保山两县。早在民国时期，腾冲便是云南的第二大进出口口岸，腾冲城内的商业市场也呈现繁荣景象，后受滇西抗日战争的影响，边境贸易逐渐转向衰退。

1. 边民互市在探索中前行

解放初期，保山的对外贸易仅仅为少量的边

民互市交易，一般贸易主要是组织出口产品生产，调供出口，保山境内无口岸也没有进出口权，边境地区由于国民党军残部和土匪骚扰，进出口贸易基本停止。直到1951年底，匪患基本肃清，为照顾边民经济往来的习惯，促进边境人民发展，改善生活，加强民族团结稳定和建设边疆，促进中缅友好往来，经省人民政府批准，将保山腾冲县古永区的猴桥、明光区的自治划为边境小额贸易区，限定进出口品种、数量。然而，1955年边境进出口贸易贯彻“逐步紧缩”的方针，腾冲海关不再办理进出口货物的验估和证监工作。1956年，保山完成对私营工商业的社会主义改造，外货进口受到严格限制，腾冲海关随即撤销，保山的边境小额贸易全面停止。

改革开放后，随着开放边境口岸，腾冲边境贸易恢复，内地的对外贸易才逐渐发展起来，保山边贸开始复苏。1981年6月，保山第一家边贸商号——群益商号成立。1984年4月又设立大兴商号，通过腾冲猴桥口岸，经营边境进出口贸易。作为贸易中转站，保山始终坚持独立自主地发展工副业生产，增加出口产品种类和数量，出口以工业品为主，在良性市场竞争机制护航下，人民的商业贸易往来意识得到不断增强，进出口货值逐年增大，进口主要以农、副、土、矿产品为主，逐渐由小众商业转型为大众商贸往来和进出口贸易，边境地区边民互市现象普遍，形成新的边贸常态。

1990 年 7 月，国务院批准腾冲为对外开放县，保山边境贸易向中缅两国近邻地方政府监管的贸易发展，贸易商号发展到 90 多个，商号及仓储能力达到 4 万吨，出口商品近百种，除向缅甸内地市场输送外，还有近 20% 的货物经缅甸转口输出到印度、泰国等。同时，保山地区进口商品也不再限于区内或国内其他地区销售，部分商品经国内转口输出第三国，中缅边境贸易突破区域范围，成为带有多边性质的国际贸易。

2. 国际大通道建设全面提速

2004 年保山市委政府提出“云南走向南亚，保山先行一步”的战略构想，同年，腾冲猴桥口岸被认定为国家级一类对外开放口岸；2004 年 6 月、2007 年 11 月先后成功举办了两届中国（保山）南亚论坛，2014 年的云南论坛、西南论坛，开展了系统的面向南亚开放战略研讨，形成了扎实的理论支撑；与此同时，保山筹资帮助缅甸建设的从腾冲猴桥到密支那二级油路也在2007年全面建成通车，2012年4月，腾冲机场成功被列入国家“十二五”口岸发展规划，标志着保山面向南亚、东南亚的国际大通道建设全面提速。

3. 辐射次中心建设系统推进

云南论坛

2014年，保山在国家实施“一带一路”倡议和建设孟中印缅经济走廊背景下，抢抓机遇，率先编制《“一带一路”建设保山行动计划》《孟中印缅经济走廊保山国际经济合作区总体规划》《昆明—保山—芒市—瑞丽对外开放经济带保山市建设规划》《保山腾冲猴桥边境经济合作区规划》《云南省保山腾冲猴桥边境经济合作区申报为国家级边境经济合作区项目可行性研究报告》《保山腾冲猴桥边境经济合作区产业发展规划》等，明确提出保山主动服务和融入国

家重大战略建设的总体思路、战略定位、主要任务，围绕基础、园区、产业、辐射能力、对外开放5

西南论坛

个领域，推动保山对外开放开发提速。同时，启动腾冲滇滩—板瓦（缅甸）跨境工业园区建设规划编制工作，密支那至班哨二级公路、密支那至八莫港道疏浚工程以及沿边金融综合改革、缅北经贸合作区建设等重点工作均取得阶段性进展。

2016年，保山工贸园区“园中园”项目——保山国际数据服务产业园启动建设，计划到2020年建设成为“全球IDC数据中心，一个‘备份中国’、‘存储中国’、辐射南亚东南亚的大数据存储、备份及信息交换枢纽，一个全国最低运营成本的云存储产业基地，一个面向南亚东南亚、面向全球的数据贸易交易中心，一个全市产业转型发展的核心示范区”；大瑞铁路保山段、腾冲机场改扩建和航空口岸建设、天猴（天保—猴桥）高速腾冲—猴桥段建设相继实施，腾冲猴桥国家级口岸基础条件不断改善，口岸通关更加便利化，进出口总额、货运量、出入境人员等各项通关指标的大幅增长，让保山对外开放的潜在优势逐步变为现实优势。

在对外开放发展道路中，保山将重点着眼南亚、东南亚市场，将产业布局与市场需求相结合，重点打造产业集群，加快建成国际区域性小商品加工集散、商贸物流、电子政务灾备、新材料加工、特色农产品加工基地，努力打通面向南亚开放国际大通道，逐步实现特色农业基础厚实、现代工业加速发展、以旅游业为主的第三产业带动发展的新格局。

2016 年 9 月召开的中国共产党保山市第四次代表大会确定了深入贯彻习近平总书记系列重要讲话和考察云南重要讲话精神，准确把握“四个全面”战略布局，牢固树立创新、协调、绿色、开放、共享“五大发展理念”，全面落实云南省委、省政府对保山的工作要求，充分发挥保山的区位、资源、产业、文化、作风“五大优势”，补齐制约保山发展的交通、产业、教育医疗、机制体制、思想观念“五大短板”，实施“六大工程”，全力推进路网、航空网、能源网、水网、互联网“五网”建设，创建信息惠民国家试点城市，加快智慧城市试点建设，做大做强农特产品加工、新材料、轻纺、信息、旅游文化、现代物流六大产业，同步推进农业规模化、工业聚集化、城市生态化、旅游品牌化，在面向南亚东南亚辐射中心建设中干在实处、走在前列，打造全省经济发展新的增长极，争当全省产业转型升级和生态文明建设排头兵，开创边疆地区跨越发展的新局面，努力建设实力保山、幸福保山、开放保山、创新保山、法治保山、美丽保山。

参考文献：

［1］云南省保山地区地方志编纂委员会编：《保山地区志（上、中、下三卷）》，中华书局出版社，1998年3月。

［2］中共保山市委党史地方志工作委员会编：《保山年鉴》。

［3］保山市农业局、保山市茶叶产业发展领导小组办公室：《保山茶叶志》，云南民族出版社，2013年5月。

［4］保山市情编委会编：《新编保山市情》，2006年。

［5］《保山烟草志》。

［6］《保岫情采》杂志。

后　记

保山自古就是滇西边陲重镇，历史悠久，是古人类发祥地之一；保山文化灿烂，多种文化在这里交融碰撞；保山人杰地灵，在这块热土上曾经发生了一系列重大历史事件，孕育了一批影响历史进程先贤圣哲；保山气候宜人，拥有壮丽的自然景观和旖旎的人文景观；保山是古代中国最早对外开放的地区之一，通往东南亚、南亚的西南丝绸之路穿境而过。经过数十年的艰苦奋斗，今天的保山正在加快对外开放和跨越发展步伐，奋力实现与全国全省同步全面建成小康社会的宏伟目标。

为充分展现保山历史文化，在云南省社科联的支持下，保山市社科联在保山市委宣传部和广大社科工作者的支持下，共同编纂了《保山史话》。本书市情概览部分由杨明巧同志执笔，历史沿革部分由李存生同志执笔，史海钩沉部分由李义钦同志执笔，锦绣保山、当代文化部分由雷锦丽同志执笔，走向繁荣部分由杨雯钦同志执笔。鉴于《腾冲史话》单独成书，故在本书中有关腾冲的内容略写。

本书由于成书时间紧迫，疏漏和不足之处在所难免，敬请批评指正。

编　者

2017 年 3 月